Klaus von Beyme

Rechtspopulismus

Ein Element der Neodemokratie?

Springer VS

Klaus von Beyme
Heidelberg, Deutschland

ISBN 978-3-658-19766-7   ISBN 978-3-658-19767-4 (eBook)
https://doi.org/10.1007/978-3-658-19767-4

Die Deutsche Nationalbibliothek verzeichnet diese Publikation in der Deutschen Nationalbibliografie; detaillierte bibliografische Daten sind im Internet über http://dnb.d-nb.de abrufbar.

Springer VS
© Springer Fachmedien Wiesbaden GmbH 2018
Das Werk einschließlich aller seiner Teile ist urheberrechtlich geschützt. Jede Verwertung, die nicht ausdrücklich vom Urheberrechtsgesetz zugelassen ist, bedarf der vorherigen Zustimmung des Verlags. Das gilt insbesondere für Vervielfältigungen, Bearbeitungen, Übersetzungen, Mikroverfilmungen und die Einspeicherung und Verarbeitung in elektronischen Systemen.
Die Wiedergabe von Gebrauchsnamen, Handelsnamen, Warenbezeichnungen usw. in diesem Werk berechtigt auch ohne besondere Kennzeichnung nicht zu der Annahme, dass solche Namen im Sinne der Warenzeichen- und Markenschutz-Gesetzgebung als frei zu betrachten wären und daher von jedermann benutzt werden dürften.
Der Verlag, die Autoren und die Herausgeber gehen davon aus, dass die Angaben und Informationen in diesem Werk zum Zeitpunkt der Veröffentlichung vollständig und korrekt sind. Weder der Verlag noch die Autoren oder die Herausgeber übernehmen, ausdrücklich oder implizit, Gewähr für den Inhalt des Werkes, etwaige Fehler oder Äußerungen. Der Verlag bleibt im Hinblick auf geografische Zuordnungen und Gebietsbezeichnungen in veröffentlichten Karten und Institutionsadressen neutral.

Lektorat: Jan Treibel

Gedruckt auf säurefreiem und chlorfrei gebleichtem Papier

Springer VS ist Teil von Springer Nature
Die eingetragene Gesellschaft ist Springer Fachmedien Wiesbaden GmbH
Die Anschrift der Gesellschaft ist: Abraham-Lincoln-Str. 46, 65189 Wiesbaden, Germany

Inhalt

1 Einleitung | 7

2 Populismus-Typologien im Zeitalter von Globalisierung und Postdemokratisierung | 9
2.1 Terminologie und Gruppenbezeichnungen | 9
2.2 Globalisierung, Immigration und Populismus | 26
2.3 Anknüpfungen populistischer Ideologien an politische Theorien der Vergangenheit | 29

3 Definitionen und Entwicklungsstadien des Populismus | 47

4 Parteien und Populismus | 59
4.1 Parteien zwischen Populismus und Rechtsextremismus | 59
4.2 Rechtspopulismus in Osteuropa | 63
4.3 Internationale Zusammenschlüsse | 69
4.4 Ursachen des Aufstiegs populistischer Parteien | 73
4.5 Populismus und die Medien | 83
4.6 Regierungsbeteiligung | 86
4.7 Szenarien des Niedergangs | 89

5 Populismus, Rechtsextremismus und Neo-Nationalismus | 93
5.1 Abgrenzung von Populismus und Rechtsextremismus | 93
5.2 Nationalismus als Nährboden für Rechtsextremismus und Rechtspopulismus | 101
5.3 Rechtsextremismus und Rechtspopulismus in Umfragen | 103

6 Konklusion: Die neue normative Debatte über Demokratie und die Vorzüge und Fehlschläge des Populismus | 105
6.1 Vorzüge des Populismus im Parteiensystem | 105
6.2 Folgen der Globalisierung | 109
6.3 Handlungsempfehlungen für die Parteien | 111
6.4 Rechtspopulismus statt einer Gefahr für das demokratische System ein Ansatz für eine Neodemokratie? | 113

Literatur | 129

1 Einleitung

Dieser kurze Beitrag zur modischen Debatte über den Rechtspopulismus versucht mehr als essayistisch wichtige Aspekte des Phänomens in gebotener Kürze zu analysieren:

- Der Populismus wird anhand wissenschaftlicher Analysen begrifflich behandelt, anknüpfend an die Geschichte der politischen Theorien und Ideologien.
- Definitionen und Entwicklungsstadien werden vergleichend betrachtet.
- Das Zentrum der Analyse umfasst das Parteiensystem in West- und Osteuropa, Ursachen für Aufstieg und Niedergang rechtspopulistischer Gruppen, internationale Zusammenschlüsse und nationale Regierungsbeteiligungen.
- Der Rechtspopulismus muss sodann vom Rechtsextremismus abgegrenzt werden.
- In einer Zusammenfassung lassen sich ein paar Generalisierungen wagen, welche die Grundthese stützen, dass der Rechtspopulismus eine Barriere gegen den Rechtsextremismus darstellen kann, und neben einigen negativen auch ein paar positive Wirkungen in der Entwicklung der Neodemokratie aufweist.

2 Populismus-Typologien im Zeitalter von Globalisierung und Postdemokratisierung

2.1 Terminologie und Gruppenbezeichnungen

Obwohl es Deutschland zurzeit erstaunlich gut geht, häufen sich die pessimistischen Unkenrufe. Der St. Gallener Philosoph Dieter Thomä (2017: 35f.) treibt die Kritik auf die Spitze: »Jetzt reicht's. Die Lage ist schlecht. Diejenigen, die das Sagen haben, versagen. Widerstand ist nicht zwecklos. Eine Abrechnung mit unserer kaputten Gegenwart«. Nur der kleine Satz: »Widerstand ist nicht zwecklos« deutet Möglichkeiten an. Sie werden aber gleich wieder relativiert: »Es gibt eine große Zerstreuung des Widerstands. ... Der politische Protest ist ortlos, wahllos, ratlos«. Meine Gegenthese: es gibt Möglichkeiten eines unorthodoxen Populismus, der mit neuen Methoden in Politik, Verbänden und Medien Entwicklungsmöglichkeiten eröffnet und durchaus die von Thomä vermissten »Orte, Wahlmöglichkeiten und Ratschläge« zustande bringt. Auch andere Autoren wie Nassehi (2017: 42) bemängelten den wenig empirischen Ansatz bei Thomä.

Die politische Debatte wird zurzeit in einer Art Krisenfieber geführt. Die Krisentheorien wurden durch unerwartete Folgen der Globalisierung herausgefordert. Die Post-Begriffe breiteten sich aus. *Postdemokratie* ist nicht ohne die Theorie der *Postmodernisierung* zu denken, die Ronald Inglehart (1997: 338) als Begriff schon früh in die Debatte einführte. Postmodernisierung war für ihn eine Überlebensstrategie, welche von der Maximierung des ökonomischen Wachstums zur Maximierung der Überlebensstrategien strebt, und Überleben und »*well-being*« durch Wandel von Lebensstilen ersetzt. Ein neuer Terminus macht als Folge der Globalisierung die Runde: »Postdemokratie«, seit Colin Crouch (2003, 2008) ihn in die Welt setzte. Populismus erscheint so als eine Folge der Entwicklung zur Postdemokratie. Sie wurde identifiziert mit:

- der Erosion der Parteien,
- der Medialisierung der Politik,
- dem Aufstieg der Experten auf Kosten der Partei-Eliten.

»Postdemokratie« fiel jedoch rasch hinter die Postmodernisierung zurück, weil diese Phase der Entwicklung durch die Kombination von Wirtschaftsmaximierung und neoliberaler Ideologie mit zunehmendem Protestverhalten neuer Kräfte gekennzeichnet war, und damit realistischer schien als die großen Hoffnungen von Inglehart. Die Überwindung der angeblichen Erstarrung der repräsentativen Demokratie wurde nicht selten im Populismus gesehen. Die Debatte um die Suche nach einer neuen *Leitkultur* bei Bassam Tibi (2000: 183) sollte die *Wertebeliebigkeit des »Multikulturalismus«* durch einen kulturpluralistischen Inhalt überwinden. Die pointierte Suche nach einer »*deutschen Leitkultur*« wurde jedoch rasch zu einer »Steilvorlage für die extreme Rechte« (Hentges 2002: 95 ff.).

Vielversprechender als die Suche nach einem Gesamtkonzept schienen lose Generalisierungen von faktischen Bewegungen in der Gesellschaft, wie im Populismus. Der Ausdruck

»Populismus« wird auch in der politischen Auseinandersetzung inflationiert, wie es einst dem »*Korporatismus*« – dem Erzfeind des Populismus – erging, und zur Zeit der »*Globalisierung*« oder der »*governance*« widerfährt. Handlich wurde das Populismus-Etikett als man Seehofer vorwarf, dass er »Popularität« mit »Populismus« verwechsle. In der Politik wird der Populismus-Vorwurf gern für eine angeblich unrealistische und unbezahlbare Politik aus Wahlkampf-Opportunismus eingesetzt. Als postmoderne Demokratien begannen, die Sozialausgaben zu kürzen, wurden auch linke Gruppen zu Verteidigern des Status-quo und als Populisten bezeichnet, mit einem Terminus der bis dahin überwiegend in die Nähe des Rechtsextremismus gerückt worden ist. Wenn nationale Regierungen Misserfolge der Politik damit entschuldigen, dass sie auf die Restriktionen hinweisen, die ihnen die Europäische Union auferlegt, werden die Gegner der unpopulären Maßnahmen wegen ihrer »populistischen Unverantwortlichkeit« getadelt. Damit ist ein Element des Populismus erhellt: Populisten rebellieren gegen die angeblichen Sachzwänge. Im Gegensatz zu Revolutionären tun sie das jedoch weitgehend innerhalb der Spielregeln des Systems.

Populisten – soweit sie sich überhaupt für Theorien interessieren – versuchen von der normativen Wende in der politischen Theorie der Postmoderne zu profitieren:

- *Negative Konnotationen* enthält der Begriff »Post-Demokratie« (Colin Crouch),
- *positive Konnotationen* werden durch Termini wie »*deliberative Demokratie*« (Habermas) oder »*dialogische Demokratie*« (Giddens) transportiert.
- Mein Vorschlag (v. Beyme 2013), den Begriff Postdemokratie durch einen positiver gestimmten Begriff wie »*Neodemokratie*« zu ersetzen, bekommt Auftrieb durch die Populismus-Debatte. Während Postdemokratie den Nie-

dergang der Demokratie suggeriert und der Rechtspopulismus nur in seinen negativen Wirkungen analysiert worden ist, wird mit dem Begriff »Neodemokratie« angedeutet, dass die Demokratie durch neuere Veränderungen nicht untergeht und dass der Populismus *neue unkonventionelle und spontane Formen von Partizipation entwickelt, die verhindern, dass Rechtspopulismus in Rechtsextremismus umschlägt.* Unhaltbar scheint mir jedenfalls Daniel-Pascal Zorns (2017: 98) These: »Populistisches Denken drängt stets zum Totalitären«.

Postdemokratisierung wurde durch zahlreiche Theoretiker von dem radikaldemokratischen Schüler von Althusser, Jacques Rancière, über Colin Crouch bis zu dem sich auf Tocquevilles »demokratischen Despotismus« berufenden Sheldon Wolin (2008) als neue Etappe dargestellt. Hinter der Fassade formeller Demokratie und im Namen einer neoliberalen Theorie wird die Selbstregierung des Volkes daher zunehmend durch Eliten-Kontrolle ersetzt. In der Postdemokratie erhalten die Eliten zunehmend weniger »*deference*« und Respekt. Die Geheimnisse der »*politischen Klasse*« werden nicht mehr von der Zurückhaltung der Medien respektiert, obwohl virtuell alle formalen Komponenten der repräsentativen Demokratie überlebten. Ritzi (2014: 2 ff., 271 f., 274) versuchte mit einer Würdigung der wichtigsten Postdemokratie-Theoretiker die verbreitete Skepsis gegen den Begriff Postdemokratie zu wirken. Die Elemente der Postdemokratie-Theorie sind durchaus korrekt dargestellt. Dieser Autor (v. Beyme 2013, 274 f.) hat jedoch mit dem Begriff »Neodemokratie« eine Parallele zur Kunstgeschichte bemüht. In der Kunst lebte jeder »Post-Begriff« nach einer Weile in einem »Neo-Begriff« wieder auf, vom Neo-Impressionismus bis zum Neo-Surrealismus. Ich habe Zweifel an der Nützlichkeit des negativ gestimmten Terminus »*Postdemokratie*« weiter gepflegt, wohl ahnend, dass der positiver klingende Gegenbegriff »*Neodemokratie*« vielleicht auch nicht langlebig sein wird. Es kommt also in erster Linie darauf an, die Begriffe mit klaren Inhalten und Entwicklungsvermutungen anzureichern. Ein Pionier der Populismus-Forschung wie Jan-Werner Müller (2016: 18, 16), der durchaus differenziert die Anreize des Populismus für neuere Demokratien zu würdigen weiß, kam letztlich zu dem Urteil, Populismus sei der Tendenz nach immer antidemokratisch, obwohl er häufig als radikaldemokratisch erscheint. Wäre das richtig, müsste man mit dem Etikett »rechtspopulistisch« vorsichtig umgehen. Jedenfalls sollte man dann nicht auch noch den »*Thatcherism*« wegen der Einebnung der Differenz zwischen Volk und Regierung schon als faschistoide Versuchung brandmarken (vgl. Weiss 2017: 242).

Der Aufstieg des westeuropäischen Rechtspopulismus ist für das Ende der 1980er Jahre angenommen worden, obwohl Ghiţa Ionescu und Ernest Gellner (1969) bereits Ende der 60er Jahre über Populismus als ein »Gespenst« publizierten. Populismus wurde auf die *Pluralisierung von Sinnsystemen, Individualisierung und »Enttraditionalisierung«* zurückgeführt. Traditionellen Gruppenloyalitäten von der Familie, der lokalen Gemeinschaft oder der Nation werden zunehmend in Frage gestellt. Der Populismus stößt nicht nur in eine ideologische, sondern auch in eine »*ästhetisch-kulturelle Repäsentationsleerstelle*« hinein, seit das Führungspersonal der Volksparteien den Lebensstil urbaner Mittelschichten pflegt (Manow 2017). Während in den USA die Schwäche der Linksliberalen, die nur noch liberal aber nicht mehr links sind, den Aufstieg des Rechtspopulismus erklärt, ist es in Deutschland die Sozialdemokratie, die angeblich ihre Klientel vergaß und für die Welle des Rechtspopulismus mitverantwortlich erscheint (Kaube 2017: 22). Der Populismus profitierte von dem Niedergang des Ansehens der Regierungen, Parteien und Berufspolitiker. Rechtspopulistische Politik ist vor allem *Identitäts-*

politik. Die Programmatik der Populisten besteht in der Regel nicht auf in sich stimmigen ideologischen Entwürfen, sondern in kulturalistischen Differenzkonstruktionen (Geden 2006: 209 ff., 219). »*Das Volk*« erscheint in der rechtspopulistischen Definition als überwiegend tugendhaft und hat einen gesunden Menschenverstand, im Gegensatz zu den Eliten, meist als »politische Klasse« diskriminiert. Mit dieser Einschätzung kommen Rechtspopulisten jedoch in Schwierigkeiten, wenn sie in Koalitionsregierungen eintreten (Hartleb 2004: 74 ff., 122, 131; 2014: 222).

Auch sonst sind Rechtspopulisten nicht immer konsequent: die *Staatskritik* im Vergleich zur *Gemeinschaftsverherrlichung* verhindert nicht, dass in einigen Bereichen, wie bei der Bekämpfung der Kriminalität und bei Verhinderung von illegaler Einwanderung, »der Staat« zu starken Eingriffen in die Gesellschaft animiert wird. Antiinstitutionell optieren viele Rechtspopulisten vor allem gegen die Europäische Union. Das hindert einige nicht, gelegentlich die »*Festung Europa*« zu beschwören, um den Kontinent gegen fremde Einwandererströme zu schützen. Liberale Abneigungen gegen zu viel Staatsinterventionismus schließt nicht die gelegentliche Forderung nach Wirtschaftsförderung für das eigene Land aus.

Der Populismus wurde erst im neuen Jahrtausend zum wichtigen Modethema und zunehmend zum Kampfbegriff in der politischen Arena. Der Rechtsextremismus wurde vor allem seit dem Aufstieg der AfD wieder häufiger auch in Deutschland behandelt – das Land, das nach dem Urteil von Mudde (2007: 303) die meisten Arbeiten zum Rechtsextremismus produziert hat – man beachte etwa die umfassende Bibliographie bei Fabian Virchow (u. a. 2016: 22–41). Die beiden Begriffe Populismus und Rechtsextremismus wurden vielfach entweder identifiziert oder völlig getrennt behandelt. Die Fülle der angewandten Begriffe, von »extreme Rechte« bis »reaktionärer Tribalismus«, wie sie Mudde (2007: 11 f.) auflistete, haben meist nur einzelne Aspekte des Rechtspopulismus einbezogen. Das terminologische Chaos wurde weniger auf Meinungsverschiedenheiten der Autoren als auf Mangel an klaren Definitionen zurückgeführt. Ein Teil der Differenzen muss mit dem historischen Wandel erklärt werden. Die Begriffe entwickelten sich mit den Änderungen der politischen Systeme. Vor allem in letzter Zeit hat der Systemwandel in der demokratischen Welt nach dem Ende des bipolaren Systems der Zeit des Kalten Krieges zahlreiche neue Gruppierungen hochgespült, die nicht nur gesellschaftliche Sekten blieben. Die Begriffe mussten in die Landschaft der größeren Abgrenzungen in Parteiensystemen eingeordnet werden. Die Mehrheit der Populismus-Forscher akzeptiert den *Rechtspopulismus* als Größe, die sich vom *Konservatismus* und vom *Rechtsextremismus* unterscheidet (Stöss 2013: 564 ff.).

Rechtsextremismus wurde zu einem etablierten Oberbegriff, seit auch der Verfassungsschutz ihn 1974/75 in Deutschland übernahm. Ein *Linksextremismus* wurde in älteren symmetrischen Perzeptionen von Parteiensystemen unterstellt. Erst in neuerer Zeit glaubt die Mehrheit der Forscher nicht mehr an die Vergleichbarkeit von links und rechts. Norberto Bobbio (1994) hat die Unvergleichbarkeit daraus abgeleitet, dass die Linke für die Gleichheit der Menschen eintritt, die Rechte hingegen Ungleichheit unterstellt. Das Ende des Kalten Krieges und der Untergang der Sowjetunion schienen den *Linkspopulismus* in Europa zu schwächen. Vielfach rückte er näher in die Mitte, um koalitionsfähig zu werden. Aber in einigen Ländern ist der Linkspopulismus organisatorisch und ideologisch weit konsistenter ausgerichtet als der Rechtspopulismus, der Thema dieses Essays ist (Chryssogelos 2011: 36).

Der Rechtspopulismus als popularisierte Begriffsvariante ist analytisch wenig entwickelt, weil vielfach agitatorisches Verhalten und Methoden der Lancierung in den Medien und der Agitation in der Gesellschaft damit bezeichnet werden. Gelegentlich wurde die Neigung zur Gewalt auch für rechtspopulistisch gehalten. Mit der populistischen Durchsetzung des Parteiensystems lässt sich allerdings allenfalls eine *Neigung zur strukturellen Gewalt* verallgemeinern (Salzborn 2015: 18). Rechtspopulistische und rechtsextremistische Einstellungen liegen nach einer Studie der Friedrich Ebert Stiftung (Zick u. a. 2016: 140) nicht immer sehr weit auseinander. Erstaunlich wirkt der Umstand, dass Rechtspopulisten in der Abwertung von Wohnungslosen und Langzeitarbeitslosen angeblich sogar negativer eingestellt sind als die Rechtsextremisten. Bei der Gewaltbereitschaft war der Rückstand der Rechtspopulisten mit 37 % gegenüber 44 % bei den Extremisten auch nicht beeindruckend hoch.

Der Populismus wurde begrifflich schon im 19. Jahrhundert erwähnt, aber er spielte keine große Rolle in der allgemeinen Diskussion. Nach der Niederlage von 1945 wurde selbst der *Konservatismus* relativ wenig beachtet. Durch den McCarthyismus geriet er in die wissenschaftliche Diskussion, etwa bei Seymour Martin Lipset. Im älteren amerikanischen Populismus wurde ein sogenannter »*Producerism*« festgestellt, der die arbeitende Bevölkerung und unproduktive Gruppen, wie Langzeitarbeitslose und Menschen, die auf Transferleistungen angewiesen sind, gegenübergestellt (Virchow u. a. 2016: 11).

Mitte der 1970er Jahre wurde die »*Neue Rechte*« zu einem wichtigen Diskussionsthema. Sie wurde gelegentlich als Ableger der *Nouvelle Droite* in Frankreich wahrgenommen, die sich aufgrund einer Entfremdung der extremen Rechten vom *Gaullismus* herausbildete. Alain de Benoist (1985; 1986; 2014), der Kopf der »Nouvelle Droite«, wurde mit Armin Mohler (1950, 1989; 1958; 1974; 1993) in Deutschland zu einer wichtigen intellektuellen Verbindung der beiden Bewegungen. Zeitschriften wie »*Criticón*«, seit 1970 fast 30 Jahre von Caspar von Schrenck-Notzing herausgegeben und von bemerkenswerter Breite, die »*Junge Freiheit*« oder »*Nation und Europa*« wurden zu herausragenden Diskussionsforen der Rechten in Deutschland. Diese Diskussion hat zur Rekonstruktion eines diskriminiert erscheinenden Konservatismus in Deutschland beigetragen (Knöbl 2017: 6; Langebach/Raabe 2016: 566 ff.). Mohlers Lieblingsbegriff »*Konservative Revolution*« – gleichsam als vorwärts- statt rückwärtsgewandte Idee des Konservatismus, wie bei Moeller van den Bruck gedeutet – wurde von vielen Kommentatoren als Widerspruch in sich, als Mythos und Fiktion abgelehnt. Immerhin wurden extreme neue Rechte nicht mehr wie in der Weimarer Zeit pauschal als diktatorisch und antidemokratisch angesehen (Traughber 1998: 19). Es kam jedoch im Stil der Weimarer Republik gelegentlich zu anti-europäischen Sätzen wie bei den Republikanern, dass der *Maastricht-Vertrag* ein »*Versailles ohne Waffen*« darstelle. Die EU wurde vor allem von der »British National Party« (BNP) und der »Vlaams Belang« (VB) als Ermutigung »pseudo-humanistischer Kräfte« eingestuft, in der unkontrollierte Einwanderung, Islamisierung und Schwächung durch Globalisierung in Europa erlaubt wurde. Die Verbrechensraten wurden mit der Immigration zusammen gebracht, vor allem bei der Schweizerischen SVP (zit.Vajvodová 2013: 378).

Selbst ein Bericht des Verfassungsschutzes (1994: 157) stufte die Neue Rechte als eine »*Intellektualisierung* des Rechtsextremismus« ein. Die Ideologie wurde jedoch als »thin-centered« eingeordnet (Mudde 2004: 544). Die Wochenzeitung »*Junge Freiheit*« reichte beim Verwaltungsgericht in Düsseldorf Klage auf Unterlassung von verfassungsfeindlichen Unterstellungen ein. Die Klage wurde jedoch abgewiesen (Stahl 2003: 24). Einige Autoren, wie Backes und Jesse (1989: 136), ordneten die »Neue Rechte« hingegen klarer als »verfassungsfeindlich« ein. Backes, Jesse und Pfahl-Traughber (der zehn Jahre für das Bundesamt für Verfassungsschutz gearbeitet hatte, ehe er Professor wurde) hat man vorgeworfen, eine an den Bedürfnissen der staatlichen Sicherheitsbehörden orientierte Konzeption des Rechtspopulismus entwickelt zu haben (Büttner 2015: 20). Auch wenn das vermutlich eine Übertreibung linker Kritiker ist, zeigen diese Autoren eine dem Rechtspopulismus wenig gewogene Haltung.

Die »Neue Rechte« kam im 3. Jahrtausend als Diskussionsgegenstand aus der Mode. »Rechtspopulismus« hat sie als Zentralbegriff ersetzt. Populismus war lange günstigstenfalls als »normale Pathologie« eingestuft worden. Zunehmend mehren sich jedoch die Stimmen, zu denen auch dieser Verfasser gehört, dass Demokratie einen Schuss von Populismus im Sinne von Volksnähe braucht. Eine Ablehnung jedes populistischen Elements wäre mit der allmählichen Abschaffung der Demokratie gleichzusetzen. Demokratietheoretisch wurden die Annäherungen an die Abnehmer des Populismus diskutabel, bei unaufgeklärten, unzufriedenen und marginalisierten Demokraten (Hartleb 2014: 54; Burmeister/Achatz 2012: 106–112). Es ist nicht gänzlich neu, *positive Züge am Populismus* zu entdecken. »Pegida« etwa ist in Deutschland als »Frischzellenkur der Demokratie« bezeichnet worden (Vorländer 2016: 146).

Das Verhältnis von Populismus und Rechtsextremismus ist relativ verschieden und muss stärker in die vergleichende Demokratie-Analyse eingezogen werden, vor allem hinsichtlich der Parteiensysteme. Meine These: in einer neo-demokratischen Phase gewinnen die Populisten positive Bedeutung und sind nicht das Gespenst, das manche wittern. Die populistischen Gruppen sind keineswegs eine negative Elite, sondern wie Umfragen zeigen, wurden viele Glaubenselemente der Populisten auch in den Meinungen der Durchschnittsbürger gefunden. Nicht nur diese versteckten Glaubenselemente werden von den Populisten artikuliert. Es werden gelegentlich auch Beiträge zu neuen Themen erbracht, welche die traditionellen Parteien inspirieren, diese besser umzusetzen. Am wichtigsten erscheint mir: *Die meisten Rechtspopulisten helfen den radikalen Rechtsextremismus erfreulich einzugrenzen.* Populistische Gruppen werden darüber hinaus zum Teil in westlichen Demokratien erstaunlich rasch *koalitionsfähig* – sehr im Gegensatz zu den Rechtsextremisten (vgl. Kap. 3). Ein Grund dafür ist der Niedergang der traditionellen Parteien im Hinblick auf Mitglieder und Ideologien. Die Erosion dieser Parteien zersplittert das Parteiensystem – in Deutschland von einst drei auf heute sechs Parteien, mit denen man koalitionstheoretisch rechnen muss. Die mitgliederärmer werdenden »*Systemparteien*« nehmen zu ihrer Selbststärkung gelegentlich auch populistische Züge an. Auch wenn Populisten pauschal noch abgelehnt werden, müssen manche Züge und die Koalitionsmöglichkeit von den Systemparteien zunehmend berücksichtigt werden. So kommt es zu einer unsichtbaren Stabilisierung der Demokratie, die man als *Neo-Demokratie* bezeichnen kann, weil sie ganz neue Perspektiven der Politikgestaltung ermöglichen (v. Beyme 2013). Nur so kann die schleichende Erosion der Parlamente, der Verwaltung und einiger Verbände wie der Gewerkschaften aufgehalten werden.

Es wurde von Mudde (2007: 13 f., 20) vorgeschlagen, fünf Definitionsansätze beim Vergleich rechtspopulistischer Gruppen zu unterscheiden: 1) Familienähnlichkeit, 2) Max Webers Idealtyp-Modell, 3) Familien auf der Basis einer existierenden Partei als Prototyp, 4) der kleinste gemeinsame Nenner und 5) der größte gemeinsame Nenner. Dieser fünfte Ansatz hat beim Vergleich von drei Ländern wie Deutschland, Belgien und den Niederlanden trotz aller Differenzen erstaunliche Übereinstimmungen gezeigt, unter anderem aufgrund einer angeblich gemeinsamen »*germanic culture*«, die in Belgien allenfalls für die flämische Hälfte gilt. Als drei ideologische Merkmale wurden der »Nativismus, der Autoritarismus und der Populismus« gewürdigt. Der Populismus ist als ideologischer Faktor und nicht nur als politischer Stil betrachtet worden.

Die »*rechte Trinität*« von *Themen wie »Korruption, Immigration und Sicherheit*« in der Programmatik der Rechtspopulisten werden angesichts der Migrationsentwicklung vielfach im Volk geteilt (Mudde 2016: 10). Gemeinsamkeiten unter rechtspopulistischen Gruppen sind schwer zu verallgemeinern, weil sie alle keine feste Ideologie fördern, sondern sich aus Nationalismus, Neoliberalismus und sogar der Sozialdemokratie bedienen. Die mangelnde Ausführlichkeit der Programme ist sogar auf das Bewusstsein der Populisten zurückgeführt worden, dass die adaptierten Elemente aus anderen Ideologien sich häufig widersprechen. Mir scheint fraglich, ob die propagandistischen Populisten in ihrem wenig rationalen Denkansatz bei der Identitätsstiftung dies überhaupt erkennen.

Die bloße Einordnung des Populismus in die »Rechte« oder »extreme Rechte« ist historisch gesehen problematisch, weil »die Rechte« früher als Gegnerin der Moderne angesehen wurde, was heute nicht immer zutrifft. Mit der Mischung aus modernen und prämodernen Elementen in populistischen Ideologien wurde auch die Möglichkeit einer klaren Einordnung in ein *Rechts-Links-Schema* der Parteien vielfach schwierig. Rechtsextremistische und nationalpopulistische Parteien sind in ihren Differenzen zu unterscheiden. Erstere waren gegen das System, die Populisten hingegen nur gegen das Establishment. Rechtsextremisten sind anti-pluralistisch, das gilt für die Populisten nur partiell. Die Parteiform ist bei Rechtsextremisten klar autoritär, bei den Populisten wurde eine »Top-Down-Partei« mit Anti-Partei-Gefühlen und geringer innerparteilicher Demokratie unterstellt (Frölich-Steffen/Rensmann 2005: 10).

»*Extremismus*« hat zunehmend den Begriff »*politischer*

Radikalismus« ersetzt. Extremismus ist nach übereinstimmendem Urteil das politisch organisierte Agieren gegen die demokratische Verfassung (Jaschke 2006: 124). Vor allem der Verfassungsschutz hat seit dem Verbot der KPD den Begriff Extremismus gefördert, und damit die Gegner der freiheitlich-demokratischen Grundordnung (FdGO) gebrandmarkt. Das Bundesverfassungsgericht (BVerfGE 5, 85: 141) hat zur Verteidigung der demokratischen Grundordnung »Einschränkungen der politischen Betätigungsfreiheit der Gegner« für erforderlich gehalten. Diese Ansicht wurde in der politikwissenschaftlichen Forschung nicht überall akzeptiert, weil der Staat damit die Definitionsmacht über die politischen Bewegungen beanspruchte. Seit der Ausbreitung des Populismus, der die simple Unterstellung einer klaren Achse von rechts bis links in Frage gestellt hat, erscheint dieser *»Etatismus«* noch gefährlicher als in der Ära Adenauer, weil er die Entstehung neuer Demokratie-Konzeptionen behindern kann. Selbst der Verfassungsschutz hat das Wort »Radikalismus« entzaubert, und Formen zulässiger Radikalkritik respektiert. Eine einheitliche extremistische Ideologie ist nicht nachweisbar (Kailitz 2004: 16). In verschiedenen Ländern werden im Licht der eigenen Geschichte mehrere Gruppen unterschieden. In Frankreich etwa die »konterrevolutinären Nationalisten«, die »revolutionären Nationalisten«, die vielfach profaschistisch und anti-religiös auftraten und autoritäre Gruppen, die man gelegentlich »bonapartistisch« genannt hat.

Leichter schien die Abgrenzung beim Terminus *»Rechtsextremismus«*. Als gemeinsames Kriterium ließ sich feststellen: die Neigung der Rechtsextremisten, den Staat durch eine vage definierte *»Volksgemeinschaft«* zu definieren. Das Volk wird vereinfachend als homogen angesehen. Diese Bewegungen sind verbunden mit einem gewissen Antipluralismus, einer autoritären Konzeption der Gesellschaft und einer Neigung zum Denken in Alternativen wie schwarz und weiß (Pfahl-Traughber 2006: 14 f.). In der neueren terminologischen Entwicklung wird diese »Gemeinschaft« nicht immer rassistisch, sondern häufig sogar als Pluralismus von Ethnien gedeutet. In Ländern mit mehreren Ethnien, wie Belgien, hat der »Vlaams Belang« politische Unabhängigkeit der Flamen befürwortet. Selbst da, wo es sich nicht um sprachliche Differenzen handelt, wie im Falle der Konfrontation zwischen Süd- und Norditalien, hat die »Lega Nord« ein weitgehend von den angeblichen »süditalienischen Schmarotzern« befreites Staatsgebilde verlangt. Als Gegenmodell zu ethnisch gemischten Ländern, deren Teile zu populistischer Überheblichkeit gelangten, erscheint Kanada. 2015 sagte Ministerpräsident Justin Trudeau: »Wir haben in Kanada keinen Identitätskern, keinen Mainstream ... nur gemeinsame Werte« (FAZ 30. 6. 2017: 3).

Etablierte Parteien benutzten den Terminus »Populismus« häufig als Schimpfwort. Dabei war man nicht immer konsequent: Gandhi und de Gaulle waren »gute Populisten« – Sinn Fein- und Basken-Führer galten als die normativ verwerflichen Populisten. Selbst Deutschland unter dem Nationalsozialismus wurde als »populistische Ordnung« eingeordnet, die keine Demokratie darstellte (Möllers 2009: 35). Kriterium für solche Klassifikationen war mit Recht die Nähe einer Bewegung zu terroristischer Gewalt. In Deutschland – dem Land, das die Möglichkeit eines demokratischen *Parteienverbots* erfand, das in anderen Ländern bis nach Russland gelegentlich nachgeahmt wurde – hat man anfangs sogar ein Verbot populistischer Bewegungen erwogen. Allerdings ist man selbst im Falle von klar rechtsextremistischen Parteien wie der NPD in diesem Punkte aufgrund von Fehlschlägen auch in Deutschland vorsichtig geworden.

Nicht immer folgerichtig ist die populistische *Kritik am offiziellen Parteiensystem:* Rechtspopulisten starten vielfach als Bürgerinitiativen und bevorzugen klingende Namen wie

»Liga« (Italien), »Front« (Frankreich) »Bewegung« (Polen, Ungarn) »Vereinigung« (Ukraine) oder »Bund«, und konstituieren sich mit wachsendem Erfolg gleichwohl als »Partei«. Sie genießen ihre staatlichen Privilegien, auch wenn sie bei den alten Namen bleiben. »Volkspartei« (Slowakei) bietet sich gelegentlich als terminologische Mischung an.

Der *Rechtspopulismus* erscheint vielfach der Mitte im Spektrum politischer Bewegungen näher als der Rechtsradikalismus. Die Grenzen zum *Konservatismus* sind nicht so eindeutig wie beim Rechtsextremismus. Der Rechtspopulismus vermeidet in der Regel anti-demokratische Bekenntnisse und spezialisiert sich auf einige Problemkreise wie Einwanderung und Opposition gegen die »politische Klasse« und die Europäische Union. Anhand der AfD wurde betont, dass die Bezeichnung Rechtspopulismus noch nicht entscheidet, ob es sich um eine demokratische oder schon um eine extremistische Partei handele.

Durch die neuere Entwicklung sind die politischen Theorien, welche den Parteithesen zugrunde liegen, stark verändert worden. Postmaterialistische Thesen wurden aufgegriffen und mit dem Niedergang der Sozialdemokratie als stärkste Kraft des Parteiensystems wurde der *Neo-Keynesianismus* vorübergehend vom *Neo-Liberalismus* abgelöst, mit Neigungen zur Nichtintervention des Staates und zur Eingrenzung der Sozialstaatlichkeit. Es ist daher kein Zufall, dass skandinavische Länder wie Dänemark und Norwegen in der Entwicklung neuer Rechtsparteien vorangingen. Liberale Parteien wie die österreichische FPÖ oder die Schweizer Volkspartei liefen zum Rechtspopulismus über. Um 2017 schien diese Entwicklung wieder rückläufig, obwohl es nicht zu einer Wirtschaftskrise gekommen war wie 2008/2009.

Meist gelten die Rechtspopulisten als *anti-liberal.* Aber näher als dem traditionellen Konservatismus scheinen einige Rechtspopulisten durch ihre Staatskritik dem *Neoliberalismus* zu stehen, wenn sie vor allem für die Mittelklassen Steuererleichterungen fordern und für die Privatisierung von Staatsbetrieben eintreten. Insofern ist Cas Muddes (2016: 4) Einordnung als »antiliberal« ein bisschen einseitig. Wenig neo-liberal wirken jedoch Plädoyers für protektionistische Maßnahmen gegen die Exporte von Billiglohnländern. Der neoliberale Aspekt von Populisten wurde als Abrücken vom faschistoiden Antikapitalismus der NPD und der British National Party gewürdigt (Camus in: Bathke/Spindler 2006: 22 f.). Je näher Rechtspopulisten dem Rechtsradikalismus rückten, umso mehr sind sie – wie der »Front National« in Frankreich – für wirtschaftlichen Protektionismus anfällig geworden (Hartleb 2004: 138, 140 f.). Die wichtigste Trennungslinie zwischen Rechtsextremismus und Rechtspopulismus bleibt das *Verhältnis zur Gewalt*. Wo immer Gewalt verherrlicht wird, haben auch tolerante Populismus-Theoretiker wie Cas Mudde (2016: 134), welche die ständige Suche nach Verbotsgründen gegen rechte Parteien in Deutschland skeptisch betrachteten, ein *Parteienverbot* akzeptiert.

Die Rechtspopulisten sind trotz einiger gewagter Prognosen nicht zu einer vorübergehenden Erscheinung geworden. Dies hat das Urteil der Sozialwissenschaften über den Rechtspopulismus verschärft. Die Entwicklung der Rechtspopulisten ist jedoch in den europäischen Ländern sehr verschieden verlaufen. Deutschland zeigte starke Resistenz gegen die Etablierung einer parlamentarischen Partei, nicht weil es so fortschrittlich war, sondern weil Institutionen wie die Fünf-Prozent-Klausel und der Föderalismus die Entstehung neuer Parteien generell behindern, nicht nur auf der rechten Seite des Parteienspektrums. In den von Gerhard Lehmbruch einst als *Konkordanz-Demokratien* gewürdigten Systemen, wie der Schweiz, Österreich oder die Niederlande, schien sich ein anscheinend früheres immobiles Parteiensystem erstaunlich rasch zu wandeln. Angesichts der Verschiedenheit der Anreize und Hindernisse für rechtspopulistische Parteien war es nicht verwunderlich, dass auf europäischer Ebene in der EU die Fraktion »Identität, Tradition, Souveränität« nur kurz etabliert werden konnte.

In der Frühzeit der Entstehung von Nachkriegspopulismus wurde dieser günstigstenfalls als »normale Pathologie« angesehen, wie bei Scheuch und Klingemann (1967: 12f.). An dieser These wurde kritisiert, dass die Differenzen zwischen Rechts- und Linksextremismus nivelliert worden sind (Salzborn 2015: 94ff.). Seit der Populismus sich so stark ausbreitete, hat ein gewiefter Autor wie Cas Mudde (2007: 296; 2016: 3) die These von der »*normalen Pathologie*« weitergeführt und sprach von »*pathologischer Normalität*«. Dieser Populismus wird als demokratisch aber *anti-liberal* eingestuft. Letzteres ist nur partiell richtig.

Nach einer anfänglich normativen Verdammung des Populismus mehren sich die Analytiker, die in jeder Demokratie einen Schuss Populismus im Sinne von Volksnähe für nötig halten (Hartleb, 2014: 54). Auch wenn der Autor dieses Essays in der Presse gelegentlich als »Populismus-Versteher« gebrandmarkt wurde, hält er diesen Ansatz für unerlässlich, schon weil er beiträgt, Entwicklungen in den Rechtsradikalismus zu mildern und die Zahl der Optionen für Koalitionen zu vergrößern. Die *Verhandlungsdemokratie* ist nicht der first choice der Populisten, aber sowie diese sich etabliert haben, müssen sie bereit sein, dieser Form von Demokratie etwas abzugewinnen, und nicht nur in der Verherrlichung von Plebisziten und Referenden zu verharren.

Gelegentlich haben Populisten das *Rätesystem* als Alternative zum parlamentarischen System gelobt. In Argentinien wurde der »*justicialismo*« von Perón als *dritter Weg* zwischen Kapitalismus und Sozialismus gepriesen. Das Rätesystem in seiner vor-sowjetischen Form war nicht diktatorisch, wurde es aber unter Perón. Sozialdemokraten und Labour-Politiker haben gelegentlich auch vom »*Dritten Weg*« geträumt. Dabei spielten eine wichtige Rolle die Kritik an bestehenden politischen Alternativen und die Vision neuer Projekte, die von der Verhandlungsdemokratie nicht zu erreichen schien (Sturm 2010). Empirische Untersuchungen vor allem über die Schweiz zeigten aber, dass die Abstimmungsbeteiligung sehr gering war – oft nur bei 30 %. Die Vielzahl der Urnengänge fördert die Abstimmungsbereitschaft der Wähler nicht. Die Vorstellung eines Volkes erweist sich oft als Irrtum. Damit kann eine gut organisierte Minderheit, die von einem mächtigen Verband dirigiert wird, ihre Meinung einseitig durchsetzen. Puhle (2003: 26) hat schon früh Parallelen zwischen Rätebewegungen und Populisten entdeckt, die angeblich zu Vermischungen geführt hätten. Das gilt allenfalls in der Theorie. Ansonsten neigen populistische Parteien nur dazu, die Referenden als Gegengewicht gegen elitär-repräsentative Parlamentsentscheidungen auszuspielen. Selten kam es zu populistischen Visionen für eine Transformation der parlamentarischen in eine Räte-Demokratie.

2.2 Globalisierung, Immigration und Populismus

Am geringsten scheinen die bestehenden Differenzen in der Rechten beim Thema »*Immigration*« zu sein. Die etablierten Parteien, wie die SPD und die französische PS, waren sich hingegen inhaltlich in dieser Frage nicht immer einig. Häufig wurden konkrete Versuche der Integration auch auf Partei-Ebene von den lokalen Parteifunktionären bestimmt (Volkert 2017: 331). Das gilt partiell auch für die populistischen Parteien. Migration wird von den Rechtspopulisten nicht immer abgelehnt, aber es wird von den Einwanderern die Bereitschaft zur Assimilation an die deutsche Kultur erwartet. Die Förderung der Integration fiel hinter die gehegten Erwartungen zurück, da viele Neuerungen des Zuwanderungsgesetzes Ausgrenzung statt Integration förderten, etwa durch Widerrufbarkeit von Arbeits- und Aufenthaltsgenehmigungen und die Erweiterung der Ermessensspielräume von Behörden (Reißland 2002: 42).

Lange schien in aufgeklärten Staaten Europas der *Globalismus* das einzig ernsthafte Integrationsziel. Die abstrakte Debatte um Gegensätze von Globalisierung und Nationalismus bekam durch die Flüchtlingskrise eine neue Dimension: *nicht Anerkennung des Individuums* auf der Basis von Menschenrechten ist das Ziel vieler Migranten, sondern die *Anerkennung von Gruppenrechten,* die verhindern, dass Flüchtlinge und Einwanderer ihre alte Identität gegen die des Gastlandes eintauschen müssen.

Populistische Ängste werden aus der *Globalisierungsbewegung* abgeleitet. Politikverdrossenheit ist bei den Wählern weit verbreitet. Assimilation von Einwanderern aus nichteuropäischen Kulturen wird bei Populisten und vielen organisatorisch nicht gebundenen Bürgern als unwahrscheinlich angesehen. Dennoch ist die faktische Bedeutung von Immigration (vgl. Tabelle) und die parteiliche Reaktion darauf in Europa höchst unterschiedlich. Es gibt auch extremistische Parteien, die nicht populistisch zu nennen sind. Die AfD wurde hingegen als populistisch, aber nicht extremistisch, sondern als demokratisch eingeordnet (Jesse/Panreck 2017: 75).

Der Prozentsatz der Bevölkerung, der im Ausland geboren wurde, ist bedeutsamer als die abstrakte Zahl der Einwanderer, die im Ausland geboren worden sind (vgl. Tabelle 2.1). Deutschland liegt mit 11,5 Millionen von im Ausland Geborenen an der Spitze der größeren europäischen Länder – und auch noch vor den USA. Aber kleinere Länder wie Belgien, Schweden und die Schweiz haben höhere Anteile von im Ausland Geborenen in ihrer Bevölkerung. Im Hinblick auf Integration und Förderung gelten Schweden und Deutschland als

Tabelle 2.1 Im Ausland geborene Anteile der Bevölkerung in Millionen und in Prozent der Bevölkerung

	Bevölkerungsanteile in Millionen	in Prozent
USA	44,3	13,5
Deutschland	11,5	14,2
Großbritannien	9,0	13,9
Frankreich	8,0	12,3
Kanada	7,3	20,3
Australien	6,7	28,0
Spanien	6,1	13,2
Italien	5,9	9,9
Schweiz	2,4	29,1
Niederlande	2,1	12,2
Belgien	1,9	16,6
Israel	1,8	22,5
Schweden	1,7	17,1

Quelle: OECD, FAZ 30. 6. 2017: 19

vorbildlich, auch wenn die Frage des Familiennachzugs noch nicht geklärt scheint. Deutschland hatte 2015/16 mit 1,1 Millionen neuen Asylbewerbern, die 1,44 % der Bevölkerung ausmachten, den höchsten Anteil, höher als die USA (434 700), die Türkei (211 400), oder Italien (205 400). Aber in Prozent der Bevölkerung lagen die Zahlen der neuen Asylbewerber in Schweden (1,83 %) und in Österreich (1,47 %) über dem deutschen Niveau. Diese Zahlen schienen die Interpretation zu erlauben, dass die Einwanderung abnimmt. Aber aufgrund von Verlagerungen der Routen ist dieses Urteil verfrüht, insbesondere als die Notlage in Afrika die Herkunftsländer der Migranten geändert hat. Sicher erscheint, dass die Einwanderung politisch sowohl Rechtspopulismus als auch Rechtsextremismus gefördert haben.

2.3 Anknüpfungen populistischer Ideologien an politische Theorien der Vergangenheit

Eine Vorform der Analyse extremistischer Ansätze wird bei Émile Durkheim gesehen, nach dem die moderne Industriegesellschaft mit ihrer Arbeitsteilung zur sozialen Desintegration führt. Von Talcott Parsons bis Ulrich Beck wurden diese Gedanken vielfach weiter entwickelt (Kailitz 2004: 196). In der Nachkriegszeit sind die Frühformen des Populismus häufig psychologisch-pathologisch behandelt worden, etwa in der Tradition von *Wilhelm Reichs* »Massenpsychologie des Faschismus« bis hin zu *Adornos* »Autoritäre Persönlichkeit« (1950). Diese Studien sind mit Recht als zu stark am Faschismus und Nationalsozialismus orientiert angesehen worden (Mudde 2016: 4).

Populisten haben dazu beigetragen, den Begriff »*Krise*« zu inflationieren. Rechtes Krisengerede gewann keine ernst zu nehmende theoretische Dimension. Aber der Linkspopulismus konnte sich auf seriöse Theorien stützen, wie die Krisentypologie des frühen Habermas (1973: 67). Neben der ökonomischen Krise im wirtschaftlichen Subsystem der Gesellschaft analysierte dieser die *Rationalitätskrise* und die *Legitimationskrise* im politischen System. Im sozialkulturellen System trat eine *Motivationskrise* hinzu. Vor allem das administrative System produzierte für den frühen Habermas eine Rationalitätskrise, weil es nicht mehr die erforderlichen rationalen Entscheidungen hervorbrachte. Das legitimatorische System beschaffte nicht mehr das erforderliche Maß an generalisierbaren Motivationen und ließ somit eine Legitimationskrise entstehen. Auch Habermas (1981 I: 18) – der einst wegen Schwierigkeiten in der Frankfurter Schule bei dem Politikwissenschaftler Abendroth in Marburg habilitierte – nahm der Politikwissenschaft übel, dass sie Krisen und Legitimation immer nur von der subjektiven Seite durch Surveys studiere und keinen theoretischen Legitimationsbegriff akzeptiere. Selbst die Ökonomie – deren quantifizierende Trends ihm eigentlich noch weniger liegen musste – kam besser weg als die Politikwissenschaft, weil sie wenigstens einen Begriff von »Krisen« hatte. Die drei Prozesse, die nach Habermas (1981 II: 473) die Lebenswelt vom System-Überbau her bedrohten, waren die *Monetarisierung und Kommerzialisierung*. Die *Bürokratisierung und die Verrechtlichung* wurden später nicht mehr mit einem globalen Krisenbegriff angegangen. Die Zivilgesellschaft, die an möglichst wenig von diesen Prozessen untergraben sein sollte, war nach dem Spätwerk von Habermas (1992: 446) jedoch ständig bedroht.

Wissenschaftliche Studien wurden in der späteren Populismus-Debatte wichtig, vor allem die Arbeiten über den *Postmaterialismus*. Die Entstehung des Postmaterialismus lenkte ab von der älteren materialistisch-ökonomischen Deutung der gesellschaftlichen Entwicklungen, konnte aber einige Züge populistischen Denkens erklären helfen. Weit weniger theoretisch relevante Vorbilder wurden in der Orientierung an gewissen *Jugendbewegungen* gesehen, die ihre Wurzeln oft in der Zwischenkriegszeit hatten. Rechtsextremisten haben vielfach in Jugendkulturen Anschluss an die *Skinheads* und andere jugendliche Protestkulturen gesucht, obwohl nach polizeilichen Ermittlungen unter 10 % der *Hooligans* rechtsextremistische Betätigungen anstreben. *Naziskins* waren keine deutsche Erfindung und tauchten zuerst in Großbritannien auf. Staatliche Stellen taten sich schwer mit der Behandlung solcher Gruppen. Ein erstes Verbot einer Hooligan-Gruppe durch das Innenministerium in Sachsen-Anhalt wurde durch das Oberverwaltungsgericht in Sachsen-Anhalt aufgehoben, weil die Gruppe »*Blue White Street Elite*« keine Vereinigung im Sinne des Vereinsgesetzes darstellte. In den USA erstarkte unter Präsident Trump die *Alt-Right-Bewegung*. Sie war in der Pop- und Konsumkultur verankert und vor allem auf Twitter groß vertreten. In dieser Bewegung sammelten sich rechte Trump-Anhänger, Islamhasser, Rassisten und sogar Neonazis. Dass der Präsident selbst dazu gehörte, wurde ihm bereits unterstellt (Oehmke 2017: 67).

Neu im 3. Jahrtausend schien, dass die *68er* nicht mehr nur einige Linke inspirierten, sondern auf der Rechten Anknüpfungspunkte an die *alte Linke* gewittert wurden, da auch »die Rechte« nicht mehr spießbürgerlich, sondern provokant und nicht nur eng nationalistisch auftrat. Götz Kubitschek (2007; 2016) ist einer jener rechten Populisten, die sich stark bei der APO inspiriert haben und das keineswegs verbergen. Kubitschek bekannte sich zur »*Neuen Rechten*«. Sein Weggefährte Dieter Stein hielt diesen Begriff hingegen für unbrauchbar. Kubitscheks Lebenslauf in den rechten Bewegungen war skurril. Die AfD lehnte seinen Aufnahmeantrag 2015 ab, was auf den damaligen Vorsitzenden Bernd Lucke zurückgeführt wurde. Rechtsextremistische Attitüden inspirierten sich auch vielfach an ursprünglich gar nicht rechten

Subkulturen wie Skinheads und Hooligans. 2007 hatte er die »Konservativ-Subversive Aktion« gestartet, die gelegentlich Kongresse der Linken störte. Karin Priester (2015) nannte diese Aktionen »folgenlosen Tatendrang mit dem Charme eines studentischen Happenings«. Vereinsverbote seit Anfang der 1990er Jahre verstärkten die Dezentralisierung in der rechten Szene und schufen eine größere Distanz zu festen Organisationen. Revolutionäres Selbstbewusstsein, Gewaltbereitschaft und starke Mobilisierung prägten die neueren rechtsextremen Milieus (Schellenberg 2011). Die verunsicherten rechtsextremistischen Gruppen verbargen sich zum Teil in Organisationen wie dem »Nationalsozialistischen Untergrund« (NSU) (Bundschuh 2012: 28 ff.).

Dass die Rechte trotz manchen Wandels unverändert geblieben sei, wie der bekannte Publizist Volker Weiß (2017: 10 f.) unterstellte, scheint mir im Hinblick auf den Populismus in seinen Varianten, welche der Autor kaum behandelte, schwerlich haltbar. Der Demokratie werden immer neue Stadien nachgesagt, in denen der Konservatismus wie der rechte Extremismus sich ebenfalls wandeln mussten. Auch Colin Crouch (2008: 13), der die Postdemokratie populär machte, gab zu, dass in der Postdemokratie keine Regeln frontal gegen die traditionelle Demokratie entwickelt worden seien. Die Institutionen haben sich als erstaunlich stabil erwiesen. Aber der rechte Populismus hat sich auf besondere Art in die Institutionen der Demokratie eingebracht. Die Forderung nach Volksabstimmungen sind aber nicht neu – und wurde von Grünen, den Sozialdemokraten und von regionalen Teilen der Christdemokraten erhoben und gelegentlich sogar ausprobiert.

»Ein Gespenst geht um in Europa – das Gespenst des Populismus« lautet die Verballhornung eines wichtigen historischen Satzes (Hillebrand, 2015: 7). Der Populismus-Begriff wurde in den letzten Jahren stark strapaziert, aber ein Gespenst bezeichnet er nicht. Er gilt laut Karin Priester (2007: 8 ff., 23 f., 41; 2012: 3) nicht als *Substanzbegriff*, sondern als *Relationsbegriff*, der nur in Abgrenzung zu gegnerischen Begriffen definiert werden kann. Zwei Aspekte dominierten:

- die *sozialpsychologische Ebene,* die latente Einstellungen wie Fremdenfeindlichkeit, Rassismus, Ethnozentrismus oder Anti-Semitismus untersuchte. Gelegentlich kamen paradoxe Resultate zu Tage, etwa dass die AfD sich neuerdings israel-freundlich gerierte und gleichwohl Parteimitglieder weiter gegen die Juden hetzten (Langer 2017).
- Der *Politikstil,* das Auftreten und die Rhetorik der Populisten.

Geert Wilders hat im Oktober 2010 in einer Rede in Deutschland den Kommunismus im Niedergang gesehen. Aber als funktionales Äquivalent tauchte der Islam auf. Mit der *Islam-Kritik* kam es zur *Wiederbelebung des alten Freund-Feind-Verhältnisses.* Der Kommunismus galt bei manchen Populisten als vergleichsweise kurzlebig, während die Konfrontation Europas mit dem Islam auf anderthalb Jahrtausende zurückblicken kann. »Freiheitlich, patriotisch, islamkritisch« wurde im Rechtspopulismus zur neuen Reihenfolge der Prinzipien. Populismus wird als Folge einer gesellschaftlichen Krise und der repräsentativen Demokratie dargestellt. Die Krise wird auf eine Verengung von Politik auf *technokratische Governance* zurückgeführt und entfremdet die zwei Pfeiler der Demokratie, den Rechtsstaat und die Volkssouveränität. Das Prinzip des Rechtsstaats ist voller Misstrauen gegen die Selbstgesetzgebung eines souveränen Volkswillens.

Populistische Bewegungen sind *agenda setter* und ein positives Korrektiv für verhärtete Strukturen. Es wurden gelegentlich auch Protestpopulismus und Identitätspopulismus unterschieden:

- *Protestpopulismus* erscheint als Ein-Thema-Bewegung wie z. B. Steuerstreik. Er tritt außerparlamentarisch durch direkte Aktion auf.
- Der *Identitätspopulismus* geriert sich hingegen mehrdimensional und parlamentarisch wie außerparlamentarisch (Priester 2012: 7).

Der internationale Populismus wurde manchmal zwischen Kommunikationsstil und Ideologie angesiedelt und es wurde bei einigen Spezialisten zwischen »*Strategieschule*« und »*Ideologieschule*« unterschieden (Hartleb 2014: 42). Eine feste Ideologie ließ sich nirgends nachweisen. »*Ideologie ohne Weltanschauung*« schien ideologische Formen mit variablen Inhalten zu aktivieren (Reinfeldt 2000: 3). Diese Eigenheit des Populismus führte leicht dazu, dass eine populistische Theorie zum Anhängsel einer anderen Ideologie wurde. Er wurde daher mit anderen Bewegungen wie Feminismus oder Ökologismus verglichen (Freeden 1996: 485). Solchen »*dünnen Ideologien*« wurde der Vorwurf gemacht, dass ihnen mangels eines politischen Projekts eine Zukunftsvision fehle, und dass sie rein wählerorientiert aufträten (Hartleb 2014: 44).

Die beiden Aspekte – *Politikstil* und *ideologische Theorie* – wurden mit Recht als nicht ausreichend erachtet. Die Revolte gegen den modernen Staat beinhaltet eine wenig ausgearbeitete Theorie, angesiedelt im Dreieck von Anarchismus, Liberalismus und Konservatismus. Sie gilt als »*Volksvariante des konservativen Denkstils*«. Das klassische populistische Leitmotiv war die »*individuelle Selbstbestimmung*«. Auffallend war eine hohe Vereinbarkeit mit unterschiedlichen politischen Ideologien. Die Linke hat jedoch allenfalls ein instrumentelles Verhältnis zum Populismus entwickelt. Der Vorwurf des Populismus gegen Gruppierungen »rechts« – wie neuerdings auch »links« im Parteienspektrum – ist weit verbreitet, und muss vielfach analytische Aufschlüsselungen der

Probleme ersetzen. Ganz abartig ist die Identifizierung von Konservatismus und Populismus, zumal Altkonservative vergleichsweise am wenigsten populistisch auftreten.

Die geringe ideologische Konsistenz lässt den Populismus-Begriff schwer auf rationale Elemente festlegen, die über Zeitepochen zu identifizieren sind. Einige Analytiker (Abromeit 2016: 237 ff.) haben bei der Französischen Revolution angesetzt, und relativ rationale Theorien wie die des Abbé Sieyès und sein berühmtes Pamphlet »Was ist der Dritte Stand?« zu den Ursprüngen des Populismus gezählt. Proudhon wurde für einen *Populistischen Sozialisten* erklärt, der einer bürgerlichen ökonomischen Theorie verbunden blieb. Mit seinem Pessimismus über die menschliche Natur schien er den *konterrevolutionären Theoretikern* wie de Maistre und Bonald angeblich näher als den wahrhaften Sozialisten von Fourier bis Marx. Der Anti-Elitismus der Früh-Populisten konnte in der Kritik an der Aristokratie gesehen werden. Selbst wenn man viele historische Urteile über einzelne Theoretiker nicht akzeptiert, lässt sich zeigen, dass der Früh-Populismus den etablierten drei Hauptideologien wie Liberalismus, Konservatismus und Sozialismus in unterschiedlicher Weise nahe stand. Was als revolutionäre bourgeoise Theorie entstand, wurde vielfach von den Sozialisten bis hin zu den späteren Faschisten partiell adaptiert.

Im 19. Jahrhundert wählten populistische Bewegungen wie die *russischen Narodniki* und die amerikanische *People's Party* vor allem die Landbevölkerung als Adressaten. In beiden Fällen fühlte sich der Populismus durchaus als demokratisch. Überspitzt haben einige Interpreten behauptet, die Narodniki hätten sich von den Bauern abgewandt und ihre revolutionären Hoffnungen auf Terrorismus gesetzt (Pfahl-Traughber 1994: 17, Taggart 2000: 46–53; Wolf 2017: 5). Diese Pauschalität des Urteils hält einer theoriegeschichtlichen Analyse nicht stand (v. Beyme 1995).

Der Populismus in *Lateinamerika* entstand erst im 20. Jahrhundert und war ziemlich erfolgreich, jedenfalls wenn man Juan Domingo Perón mit seiner Revolution von 1943 als Populisten einreiht. Typisch südamerikanisch war die Absetzung des Machthabers durch das Militär im Oktober 1945. Radikal-populistisch waren Rebellionen und Generalstreiks, wodurch das Militär zum Nachgeben gezwungen wurde. Perón konnte so im Februar 1946 als Präsidentschaftskandidat die Wahlen gewinnen. Seine Frau Evita hat ihn mit ihrer Volksnähe nach Kräften unterstützt. Reformen zugunsten der Armen, die Perón an sich band, konnten ihn lange an der Macht halten.

War der Populismus-Begriff bei seinem Aufkommen im 19. Jahrhundert in Amerika als »anarcho-konservative« Theorie für eine fortschrittliche Bewegung antikapitalistischer Farmer »progressiv«, so wurde er im 20. Jahrhundert nicht selten gegen konservative Politiker wie Margaret Thatcher polemisch eingesetzt. Aber auch Bewegungen, die sich progressiv gerierten, vom *Feminismus* bis zur *Umweltbewegung*, blieben von dieser Fremdbezeichnung nicht verschont. In dieser Gefahr standen alle Bewegungen, die stark dichotomisch argumentierten und ein Anliegen gegen den Rest der Welt einsetzten. Populismus wurde vielfach auch als »*rhetorischer Stil*« klassifiziert. Dies machte ihn freilich nicht ohne weiteres von anderen Parteien unterscheidbar, die einen ähnlichen Stil entwickelten, soweit sie charismatische Führer hatten. Populisten haben mit dieser Konzentration auf den Stil vielfach vermieden, unbeliebte Thesen zu verbreiten (Mudde 2008: 13).

Neuerdings wurde der Populismus mit dem *Postmodernismus* in Verbindung gebracht, mit dem ihn eine anti-hierarchische, antitotalitäre und angeblich sogar anti-autoritäre Haltung verbindet, obwohl der Begriff Populismus von Wolfgang Welsch (1987: 319 ff.), einem Pionier der Postmoderne-Theorie, nicht benutzt worden ist. Seine »*Pluralität als Grund-*

bild« des Postmodernismus ist auch nur zum Teil für die meisten populistischen Bewegungen zutreffend. Sie gilt sicher nicht für die, welche von einer einheitlichen Idee des Volkes ausgehen. Auch der *Protektionismus* in der Wirtschaftskonzeption, der vor allem im osteuropäischen Populismus dominiert, widerspricht dem positiven Bild des postmodernen Pluralismus bei Welsch. Je stärker man Populismus vor allem als Rechtspopulismus wahrnimmt, wird er mit einer nativistischen Körperpolitik, mit Rassismus, Fremdenfeindlichkeit, Sexismus und oft fälschlicher Weise allzu pauschal mit Antisemitismus identifiziert. Rechtspopulismus ist vielfach eine Fremdbezeichnung. Nicht wenige Populisten betonten ihre Liberalität. Sie gilt dann als »konservativ«, nicht aber als »rechtsextremistisch« geprägt. Häufig ist der Einsatz für einen »*Regionalismus*« als ein pluralistisches Gegenbild zum *nationalistischen Rechtspopulismus*.

Vielfach wurde Populismus auch als polemischer Begriff eingesetzt, der zum inflationären Gebrauch des Begriffes beitrug. Demokratie wird gefordert, aber einseitig verwendet. Meist klammerte der populistische Demokratiebegriff die strikten politischen und rechtlichen Regeln im Rechtsstaat aus, der das Pendant zur modernen Demokratie darstellt. Deutschland als Land mit einer ausgeprägten Staatsmetaphysik in seiner Geschichte und den nachwirkenden obrigkeitsstaatlichen und protestantischen Traditionen, neigte anfangs weniger als andere Länder zu einem Rechtspopulismus (Priester 2007: 27). Zuspitzungen in politischen Äußerungen führten gelegentlich zu einer Annäherung selbst an Nazi-Thesen, etwa wenn Frauke Petry als Vorsitzende der AfD erklärte, man müsste den durch die Nazis diskreditierten Begriff »*völkisch*« wiederbeleben (Welt am Sonntag 11. 9. 2016), oder gar die Entgleisung des philippinischen Präsidenten Rodrigo Duterte, man müsse nach dem Vorbild des Holocaust alle Drogenabhängigen des Landes umbringen. Die Vielfalt der populistischen Varianten von traditionellen linken Forderungen bis zu Hitler-Bewunderern ist analytisch wenig brauchbar. Die Gefahr eines einheitlichen Begriffs wie Populismus droht in die Suche nach Generallösungen zu führen (Nabers/Stengel 2017: 5f.). Eine Einschränkung wie bei Mudde (2007: 23) sieht Populismus dort, wo

- eine *Ideologie* zwischen dem »moralisch reinen Volk« und den »korrupten Eliten« unterscheidet,
- und der Anteil eigener Ideologie so gering ist, dass *Anleihen aus anderen politischen Konzeptionen nötig* werden, was zu Variationen zwischen Rechts- und Linkspopulismus führen kann.

Für Jan Werner Müller (2016: 3) hingegen ist der Populismus weder eine Ideologie, noch ein politischer Stil, sondern eine Form der *Identitätsvorstellung*.

Globalisierung gilt als eine der Wurzeln des Populismus, weil die kulturellen Gruppen sich in ihrer Existenz bedroht fühlen. Selbst der Demokratie-Begriff wurde regional begrenzt. Demokratie als Volkssouveränität kann es nach Meinung einiger Theoretiker (Halfwassen 2017: 12) nur geben, wenn eine Nation als Träger existiert. Universalstaaten gelten als unfähig zur Demokratie. Ein Weltstaat wäre deshalb nicht einmal wünschenswert und selbst ein *Europäischer Staat* wurde vielfach nur mit dem Begriff »Europa der Vaterländer« (de Gaulle) als denkbar akzeptiert.

In Zeiten der Globalisierung werden eindeutige Zugehörigkeiten und klare Grenzen unterstellt, mit Floskeln wie die »wahren Deutschen«. Müller wurde bei aller Bewunderung jedoch vorgeworfen (Stengel/Nabers 2017: 11) nur auf der Rechten und nicht in der Linken zu scharfen Einsortierungen zu kommen. Da Populismus meist rechts eingeordnet wird, ist dies nicht sehr verwunderlich. Die *populistischen Anteile an linken Bewegungen* sind nach der Genesis der Bewegungen zwischen Rechts und Links zufälliger und weniger von den Kernelementen linker Ideologien ableitbar. Linke streben häufiger nach Inklusion als Rechte, die in ihren politischen Aussagen vor allem Unerwünschtes ausschließen. Linke Kritik ist mit der ideologischen Grundlage insofern noch verbunden, als vor allem über Neoliberalismus und zeitgenössische Formen des Kapitalismus gerichtet wird. Die griechische linksradikale Partei »Syriza« wettert gegen die EU und die neo-liberale Sparpolitik in Europa. Diese Partei ist aber nicht grundsätzlich gegen europäische Integration und befürwortet sogar eine Vertiefung der Europäischen Union (Stavrakakis/Katsambekis 2014). Dies wird als Beleg dafür gewertet, dass linke Kritik an der EU nicht in gleicher Weise eine Gefahr für Europa darstellt, wie einige Ansichten von Rechtspopulisten. Die rechten Populisten sind eher an Fragen nationaler Identität interessiert und zielen auf Exklusion ausländischer Einwanderer und Einschränkungen der eigenen Nation ab. In Amerika gab es im 19. Jahrhundert einen Populismus der schwarzen ausgebeuteten Minderheit, die um Gleichberechtigung kämpfte (Ali 2010: 3). In gewisser Weise stellte das einen »*Gegenpopulismus*« dar, gegen den Populismus zur Verklärung der weißen Rasse gerichtet. Inzwischen ist diese Verklärung gefragt, weil schon um 2000 die Hälfte der Amerikaner glaubte, dass Weiße im Land bereits die Minderheit darstellten. Bei exakterer Analyse erschreckt jedoch die Rassisten, das nicht-hispanische Weiße unter Zweidrittel der weißen Bevölkerung gesunken waren, während es 1960 noch 90 % waren (Quellen zit. Nabers/Stengel 2017: 19).

Populistische Gruppen sind nach ihrer Intensität zu unterteilen in *gemäßigte, radikale und extremistische Positionen* (Decker 2016). Nur diese Untergruppierungen erlauben ein Urteil über die Gefährlichkeit von populistischen Bewegungen. Zu den Entstehungsbedingungen der rechtspopulistischen Parteien wurden höchst unterschiedliche Ursachenbündel herausgearbeitet.

1) Eine wichtige Variable basiert auf der *Nähe und Ferne der Parteien im nationalen System*. Gemäßigte Populisten können eine Anregung für die politische Debatte und für *Koalitionsbildungen* darstellen. Extremistische Populisten hingegen erscheinen gefährlich und ganz sicher nicht als koalitionsfähig mit den Parteien der Mitte. Gelegentlich wurde in der Literatur jedoch die Annäherung etablierter Parteien der Christdemokraten und Konservativen als Stärkung des Populismus hingestellt (Schäfer 2010). Dieses Szenario hat sich allenfalls kurze Zeit abgespielt, wie in Österreich 2000 bis 2002 oder in den Niederlanden 2010 bis 2012. Meist waren Erfolge der Rechtspopulisten auf Fehler der Sozialdemokraten zurückzuführen, die neue Gruppen suchten, und einen Teil ihrer Wählergruppen heimatlos zurückließen. In Dänemark, Schweden und Finnland sind die Sozialdemokraten von den Rechtspopulisten schwerer geschädigt worden als konservative oder christdemokratische Parteien. Nur in Norwegen ging der Erfolg der »Fortschrittspartei« hingegen meist zu Lasten der liberal-konservativen »Høyre«. In Belgien, den Niederlanden und in Österreich verloren Christ- und Sozialdemokraten im gleichen Umfang Stimmen an die Rechtspopulisten (Grabow/Hartleb 2013: 23, 26f.). In den Niederlanden ist der Populismus von Geert Wilders' PVV für den Niedergang der Christlich-Demokratischen Partei des Landes verantwortlich gemacht worden. In Deutschland hingegen haben die Populisten die CDU/CSU nicht wirklich schwächen können. Im Mai 2017 ist die AfD in Nordrhein-Westfalen unter 10 % geblieben, während es der CDU gelang, die seit Jahrzehnten führende SPD von der Regierung abzulösen.

Es ließ sich auch kaum ein Zusammenhang herstellen zwischen dem Aufstieg der Rechtspopulisten und der Frage, welche Partei in einem Land gerade regierte. In Deutschland wuchs die AfD bei einer Großen Koalition zwischen CDU/CSU und SPD, da war der Schuldige ohnehin nicht einfach auszumachen. Alle diese Einsichten legen den Schluss nahe, dass der Aufstieg der Rechtspopulisten mit der allgemeinen Lockerung von Bindungen der Parteianhänger von ihren Parteien zusammen hängt.

2) Bei *Policies,* welche die Parteien fördern wollten, spielten vor allem die *europäische Integration* und die *Regulierung der Immigration* eine herausragende Rolle in der Entwicklung der Rechtspopulisten. Die französischen Sozialisten waren offener für Einwanderung als die vorsichtigere SPD in Deutschland, die deshalb vermutlich weniger Stimmenverluste an die Rechtspopulisten zu beklagen hatte als das französische Pendant. Die CDU punktete durch eine Gegenkampagne gegen die rot-grüne Koalition mit ihren Vorstellungen eines liberalen Einbürgerungsrechts (Grabow/Hartleb 2013: 25 f.).

Neben der Immigrationsfrage ist die *Haltung zur EU* der Hauptsammelpunkt für Rechtspopulisten. Gelegentlich hat sich der Schwerpunkt von der Immigrationsfrage zur EU-Diskussion verschoben wie bei Wilders in den Niederlanden. Nicht alle Rechtspopulisten sind gegen die EU. Das gilt etwa für die »*sanften Euroskeptiker*«. Ein Teil der Populisten sieht Europa nur als zu bürokratisch an. Es wird vor allem die Aushöhlung der nationalen Souveränität beklagt.

3) Der *institutionelle Faktor* spielt eine verstärkende oder abschwächende Rolle in der Entwicklung des Rechtspopulismus. Das Verhältniswahlrecht macht es populistischen Parteien leichter sich zu entwickeln. Die Sperrklauseln sind unterschiedlich hoch in Europa: Niederlande bei 0,67 %, Dänemark 2 %, Österreich und Norwegen 4 %, Deutschland 5 %. In Belgien und in der Slowakei gilt die Fünf-Prozent-Hürde

nur auf Wahlkreisebene. Mehrheitswahlrecht scheint gut für die Abwehr von Rechtspopulisten. Ab einer gewissen Stärke scheinen jedoch Mehrheitswahlrechte wie in Großbritannien einen zusätzlichen Verstärkungseffekt auszulösen. Das zweistufige Ein-Personen-Mehrheitssystem in Frankreich hat hingegen sogar den Einzug der Populisten bei über 15 % der Stimmen ins Parlament verhindert. Erst 2012 gewann der »Front National« zwei Wahlkreise und konnte nun auch das Parlament für Verstärkungseffekte nutzen.

4) Die *Rolle der Medien* ist wichtig für den Aufstieg von Rechtspopulisten. Populisten haben meist ein enges Verhältnis zu den Medien. Nur wenige populistische Führer haben jedoch ein so enges Verhältnis wie es Berlusconi in Italien oder Perón in Argentinien entwickelten. Die Grenzen zum *politainment* sind fließend geworden. Es ist unverkennbar, dass die Medien den Populismus fördern, weil sie Politiker ermuntern, sich populistisch zu verhalten und damit ein parasitäres Verhältnis zur Demokratie aufzubauen. Die populistischen Führer pflegen sich gern als aus dem Volk hervorgegangen darzustellen. Das Internet ist eine wichtige Möglichkeit der Selbstdarstellung (Diehl 2012: 2 ff.). Sie ist nicht einheitlich wirksam. Es gibt günstige Medienlandschaften wie in der Schweiz, in Österreich und Italien. Der Aufstieg Jörg Haiders in der FPÖ wurde damit ermöglicht. Vor allem die »Kronenzeitung« berichtete vielfach positiv über die Lieblingsthemen der FPÖ.

5) Die *Rolle von charismatischen Führungspersönlichkeiten*, wie Jörg Haider, Pim Fortuyn, Geert Wilders, Marine Le Pen oder Christoph Blocher und die Kaczyńskis in Polen, wirkte entscheidend auf die Etablierung rechtspopulistischer Parteien.

In der populären Literatur wird Präsident Trump nicht selten als Populist bezeichnet, wenn man sich an Merkmale äußerer Selbstdarstellung hält. Er könnte inhaltlich jedoch auch als Anti-Populist bezeichnet werden, da er progressive populistische Projekte in Richtung Emanzipation meist torpediert und einem Chauvinismus, Antipluralismus und Unilateralismus huldigt. Sein Antipluralismus wurde damit auch als anti-populistisch gebrandmarkt, weil er allein zu wissen glaubte, was das Volk wolle und sich das Recht anmaßte gegen abweichende Meinungen intolerant vorgehen zu dürfen (Nabers/Stengel 2017: 17 ff., 22 f.). Trump sprengte alle Definitionen über politische Positionen: etwa in der Frauenfrage galt er als frauenfeindlich – obwohl seine Tochter ihn gar als Feministen bezeichnete – als er 2008 die Scharia verherrlichte, weil sie den Männern erlaube, sich ohne Zustimmung der Ehefrau scheiden zu lassen (New York Daily News 1.10.2016). In der Außenpolitik führte diese egozentrische Position zu der Behauptung, die USA seien systematisch abgezockt worden und die Umweltpolitik gegen einen Klimawandel sei ein »teurer Scherz«.

Die fünf Kriterien verschieben laufend ihre Gewichte, etwa durch wachsende Immigration und zunehmende Europa-Müdigkeit vieler Bürger. Wichtig wird auch die Gegenstrategie der am stärksten betroffenen konservativen und christdemokratischen Parteien. Vier Gegenmaßnahmen wurden festgestellt (Grabow-Hartleb 2013: 36):

- *Komplette Abgrenzung,* wie in der Schweiz, Polen, Dänemark seit 2011, Schweden, Litauen und der Slowakei.
- *Teilweise Annäherung:* UMF in Frankreich, Conservatives in Großbritannien.
- *Tolerierung von Regierungen der Mitte durch Rechtspopulisten:* CDA in den Niederlanden 2010–12, KF Dänemark bis 2011, CD&V Belgien 2007–2008.
- *Förmliche Koalition:* ÖVP Österreich 2000–2002, Høyre in Norwegen seit 2013.

Diese vier Haltungen blieben nicht permanent. Öfters revidierten konservative Parteien ihre Strategie wie die Christdemokraten in den Niederlanden. Solche Wechsel implizieren jedoch schwere Risiken. Alte Anhänger der Konservativen und Christdemokraten können sich bei zu starker Annäherung an die Populisten abgestoßen fühlen, wie es Sarkozy 2012 widerfuhr, als ein Mitglied seiner Gruppe in Einwanderungsfragen härter auftrat als Marine Le Pen. Die Christdemokraten identifizierten sich lange am stärksten mit der EU. Sie können sich daher schwerer gleichsam »anti-europäisch« in Bündnisse mit Rechtspopulisten einlassen. In einer graphischen Darstellung der Erfolgsbedingungen populistischer Parteien wurde die Frage nach einer relevanten rechtspopulistischen Partei nur für Deutschland verneint (Grabow/Hartleb 2013: 32) – hoffentlich etwas voreilig!

Es gibt in der Forschung auch die »amerikanisch-positiv gefärbte Variante« eines Populismus, der heterogene Teile der Bevölkerung zusammenführt und nach mehr Demokratie strebt (Grattan 2016: 10f.). Ein führender Populismus-Forscher wie Cas Mudde (2016) sieht das Aufkommen populistischer Bewegungen als weniger gefährlich an, als die Übernahme vieler Forderungen dieser Gruppen durch die etablierten Parteien. Mir erscheint hingegen, dass diese Übernahme die Annäherung von etablierten Parteien und populistischen Herausforderern eine *Neutralisierung der Gefahren für die Demokratie* darstellt. In dieser Weise sind in Deutschland bereits die Republikaner neutralisiert worden. Nicht immer führt eine solche Annäherung zum Zerfall populistischer Gruppen wie in Deutschland und einst in Frankreich in der vierten Republik. Gleichwohl ist durch die Einwanderungskrise ein Novum entstanden. Fremdenfeindlichkeit und Elitenkritik strahlen auf die etablierten Parteien aus.

Neue soziale Bewegungen standen im Zeichen der »*Generation Social Media*«, etwa in der Piratenpartei. Sie setzte auf totale Transparenz und drohte dabei das Recht des Individuums auf Schutz des privaten geistigen Eigentums und das Recht auf Schutz der Privatsphäre mit Füßen zu treten (Hank 2012: 13). Aber die populistischen Bewegungen können nicht total als »anti-modern« verketzert werden, da sie starke Elemente moderner Politikkonzeptionen propagieren. »*Deliberative Demokratie*« ist eine normative Hoffnung, aber Post-Demokratie ist dieser Hoffnung nicht näher gekommen. Eine Grundsatzkritik des Systems gibt es in den Globalisierungstheorien kaum noch. Einstige Linke wie Hardt und Negri (2002) mit ihrem Begriff »Empire« hofften nicht einmal mehr auf Systemänderungen. Foucaults Haltung gewann an Boden: jede Machtstruktur enthält ihre Gegenmacht. Der Populismus wird von geschickten Führern bereits als ein solches Element der »Gegenmacht« angeboten. Anthony Giddens (1994: 112) hatte mit seiner »*dialogischen Demokratie*« eine positive Fortentwicklung der repräsentativen Demokratie intendiert. Nicht neue Rechte und Repräsentationsmöglichkeiten wie im alten System waren gefragt, sondern Förderung des kulturellen Kosmopolitismus, der entscheidend werden kann für die »*Rekonstruktion von sozialer Solidarität*«. De facto hat sich eher das Gegenteil dieses normativen Konzepts ereignet: Identitätspolitik ging vielfach in Richtung Segregation (v. Beyme 2007: 91 ff.).

Schon Colin Crouch (2005, 2008: 119 ff.) sah schwarz für die Möglichkeit, den Populismus in die Richtung universalistischer theoretischer Konzepte zu entwickeln. *Identitätspolitik* ist das Schlagwort der Postdemokratie – aber: »Nor will populism be contested by trying to move beyond identity politics to a Third Way political appeal which tries to evade every idea of identity«. Politische Parteien, welche die Massen zu repräsentierten vorgeben, tun dies in der Regel durch Definitionen über die »*Identität des Volkes*«. Je mehr diese Identitäten künstlich »rekonstruiert« werden, umso häufiger werden alternative Identitäten vernachlässigt. Es kam daher schon vor der »Postdemokratie« zu Gegensätzen zwischen »*Kulturfundamentalisten*«, die auf die »*nation une et indivisible*« auch kulturell pochen und den »*Multikulturalisten*«. Beide machen den gleichen Fehler, kollektive Identitäten zu verabsolutieren (Möllers 2009: 51) – nur siedeln sie diese Identität jeweils auf einer anderen Ebene an.

3 Definitionen und Entwicklungsstadien des Populismus

Nach Ansicht wichtiger Populismusforscher (Canovan 2006: 544, 522; Priester 2011: 51) sind alle Versuche einer *generellen Populismustheorie* gescheitert. Daher müssen wir uns auf *deskriptive Typologien* beschränken. Nachteil dieses Verzichts auf eine generelle Theorie: der Ausdruck Populismus wurde auch in der politischen Auseinandersetzung inflationiert, wie es einst dem *Korporatismus,* dem Erzfeind des Populismus, erging, und zur Zeit der *Globalisierung* oder der *governance* widerfährt. In der Politik wird der Populismus-Vorwurf gern für eine angeblich unrealistische und unbezahlbare Politik aus Wahlkampf-Opportunismus eingesetzt. Populismus im engeren Sinne gilt als reaktives Produkt der Moderne, getragen von Gruppen, die sich als Verlierer des Modernisierungsprozesses empfinden (Puhle 2011: 30). Populismus spielt auf »das Volk« an. Aber der Volksbegriff variierte in populistischen Programmen von einer exklusiven Gruppe (wie die *Hackerszene* bei den Piraten) bis zu dem ursprünglichen Sinn des »einfachen Volkes« (Becker, 2012: 33; Canovan 2004: 248). Gern usurpierte der Populismus den Begriff der »wahren Demokratie« für sich. Aber das demokratische Projekt bedurfte komplizierter Institutionen. Selbst die Referendumsdemokratie im Zusammenspiel von Volksabstimmungen und den fortbestehenden repräsentativen Gremien und Ämtern ist kein so leichtes Modell, das jeder Bürger durchschaut.

Der Populismus entstand ursprünglich in Gesellschaften, die sich als Peripherie des internationalen Machtsystems wähnten. Die bekanntesten Beispiele waren die russischen »Narodniki« und die amerikanischen Populisten im 19. Jahrhundert. Beide Bewegungen waren im Gegensatz zu postmodernen Systemen eher links im Parteienspektrum zu verorten. Die ideologischen Einflüsse waren im Gegensatz zu marxistischen Klassenparteien teilweise anarcho-syndikalistisch. Selbst im Westen wurde der russische Denker Alexander Dugin (2014: 129 ff.) mit seiner »vierten politischen Theorie« nach Liberalismus, Faschismus und Kommunismus als originelle Neuauflage der Narodniki herausgestellt. Der Kapitalismus war für diesen Theoretiker eines eurasischen Kulturraums gegen den angeblich abgewirtschafteten westlichen Kapitalismus eine Zukunftsvision. Gegen die postmoderne Welt brandmarkte Dugin (2013: 212) die strategische Hypermacht der USA. Als eklektischer Vertreter des »*Eurasismus*« wurde Dugin vorgeworfen, faschistische Gedanken zu integrieren und den Eurasismus zu einem totalitären Ansatz gemacht zu haben (Salzborn 2014: 257). Dugin (2015: 196, 199) wurde allzu voreilig als Berater Putins angesehen, er behauptete aber, ihn persönlich nicht zu kennen (Neef/Dugin 2014: 123). Er hat den russischen Präsidenten mit seinem Eintreten für die Marktwirtschaft des Westens tatsächlich als eher »westlich« wahrgenommen. Dies wurde jedoch durch seine starke Betonung der Souveränität Russlands und der Verteidigung russischer Interessen in den asiatischen Territorien der ehemaligen Sowjetunion seiner Ansicht nach überdeckt, was nach Dugins Ansicht zu einem »symbolischen Krieg« geführt hat. Dugin vertrat die gewagte These, Putin sei im Kreml praktisch isoliert durch eine korrumpierte politische

Elite. Russland erklärte er (ebd., 203) zum natürlichen Verbündeten eines unabhängigen Europas. Deutschland hielt Dugin für ein amerikanisch dirigiertes Land, das gegen seine eigenen Interessen regiert werde. Als er schließlich die aberwitzige unprofessorale These gegen die Ukraine vertrat: »Ich glaube man muss töten, töten und töten. Ich sage das als Professor« war das auch Moskau zu viel. Die Moskauer Studenten hatten schon länger Tausende von Unterschriften gegen den Rechtspopulismus Dugins gesammelt. Dugins Vertrag wurde nicht verlängert (Smirnova, 11. 7. 2014; Leggewie 2016: 63). Diese Ansicht hatte nach dem Ex-Stadtverordneten für die Grünen und bis 2005 Leiter des Fritz-Bauer-Instituts in Frankfurt, Micha Brumlik (2017: 8), sogar westliche Wurzeln im Denken Heideggers und des Begründers der »Nouvelle Droite«, Alain de Benoist, obwohl diese ganz sicher nicht einen »Selbstmord der Gattung« voraussagten, sondern allenfalls eine radikale Umkehr verlangten. Dugin (2011) hat immerhin die Schrift über »Heidegger. Die Möglichkeit einer russischen Philosophie« verfasst. Auch Leggewie (2016: 81, 83, 90) und andere von ihm zitierte Autoren haben eine distanzierte Nähe von Geist und Macht in der *Eurasien-Politik Putins* vermutet und ihn als »Einpeitscher« in der Aggression Russlands in der Ost-Ukraine gesehen. Für das Populismus-Thema in Westeuropa ist jedenfalls der Schulterschluss russischer und europäischer Rechtspopulisten wichtig, etwa als sich im Januar 2016 über tausend Anhänger rechtspopulistischer Parteien in Mailand trafen, die vom Kreml diskret unterstützt wurden.

In den Ländern der *Dritten Welt,* in denen es noch keine festen institutionellen Strukturen und ein legitimiertes Parteiensystem gab, waren populistische Bewegungen von der chinesischen Kuomintang bis zum lateinamerikanischen Peronismus mehr die Regel als die Ausnahme. Es wurden drei Typen klassifiziert (Mudde 2000):

- agrarischer Populismus,
- ökonomischer Populismus,
- politischer Populismus.

Diese simple Trinität wurde später durch komplexere Typologien abgelöst wie (Lang 2007: 133):

- Zentristen,
- Soziale Populisten,
- Nationalkonservative,
- Agrarische Populisten,
- Nationalisten,
- Radikale »linke« Populisten.

Der ältere Populismus hatte vor allem zwei Wurzeln:

- Er war eine Antwort auf Entwicklungskrisen und forcierte Industrialisierung. Populismus ist mit Recht als Antwort auf Modernisierungskrisen gewertet worden (Spier 2006; 2008).
- In Kämpfen für die nationale Unabhängigkeit wurden Bewegungen stark, die »das Volk« im Kampf gegen ausländische und »nationsvergessene« Herrscher mobilisierten.

Neuerdings gibt es die *Occupy-Bewegung*, die nach dem Scheitern des realen Sozialismus die wichtigste Form einer anarchoiden linken Utopie der Zukunft verkörperte (Ebbinghaus 2012: 21). Nur wenige *»Impulsgeber«* wurden berühmt. Von »Führern« sprechen solche Bewegungen ungern, und es gibt allenfalls latente Führer im Hintergrund, wie Micah White und Kalle Lasn, welche die Zeitschrift *»Adbusters«* herausgaben. Sie bekannten sich als *»mystische Anarchisten«*. Gemeinsam ist diesen neuen Linkspopulisten das Bekenntnis zur »*projektgebundenen Bezugsgruppe*« im Gegensatz zum Parteieintritt.

Inzwischen tauchten immer neue Bewegungen auf – wie die Piraten – die sich als Inkarnation des »wahren Wählerwillens« propagierten. Die traditionellen Parteien rücken in die Mitte und kämpfen um die »*Medianwähler*«. Im Vergleich deutscher Länder konnten sich nur die konservativsten Systeme, wie Bayern, leisten, klare rechte Positionen einzunehmen. So schien es der CSU möglich, sich gegen rechtspopulistische Herausforderungen zu behaupten, mit Ausnahme bei der Bundestagswahl 2017. Populismus beansprucht nach Ansicht eines Kritikers (Möllers 2009: 33), »demokratischen Willen ohne demokratische Formen zum Ausdruck zu bringen«. Sicher ist der These zuzustimmen, dass Demokratie und Populismus zu unterscheiden sind (Laclau 2007: 157 ff.) – während populistische Propaganda gern ihre Deckungsgleichheit betont. Aber zur Demokratie gehört ein geordnetes Verfahren. Es reicht nicht auf der Straße zu verkünden, die Bewegung sei »das Volk«. Immerhin wird konzediert, die gut organisierte Minderheit und ihre Aktionen haben demokratische Bedeutung ohne demokratische Form. Man muss auf populistische Initiativen reagieren, auch wenn es an Regeln der Demokratie fehlt, wie man mit dem Populismus umgehen soll (Möllers 2009: 33 f.).

Populismus und Rechtsextremismus werden vielfach als relativ homogene Phänomene diskutiert. Differenzen über Raum und Zeit werden vernachlässigt. Allein nach 1945 ließen sich jedoch drei Phasen unterscheiden (v. Beyme 1988: 8 ff.):

- Nach dem Krieg waren rechtsextreme Bewegungen vielfach noch offen neofaschistisch, wie der »Uomo Qualunque« oder der MSI in Italien, oder die in Deutschland 1952 verbotene SRP.

- Als neue Depravationen nach der Zeit eines ungetrübten Schönwettersystems im Wiederaufbau durch die erste ökonomische Krise und die Ölkrise von 1973 auf die Menschen zukamen, versuchten gemäßigte Rechtsgruppierungen seriös und respektabel aufzutreten und die Methoden der faschistischen Propaganda zu vermeiden. Adolf von Thadden, der Führer der NPD, die 1969 um ein Haar in den Bundestag eingezogen wäre, gerierte sich als ein Führer im korrekten Anzug mit Krawatte und ohne Uniform.
- Die dritte Welle populistischer Bewegungen war eine Antwort auf die Globalisierung und die wachsende Macht der Europäischen Union. Slogans wie »Europa ja – EU nein!« kamen auf. Die wachsende Einwanderung bei steigender Arbeitslosigkeit schürte die Unzufriedenheit. In einigen Ländern fand ein geordneter *Rückzug aus dem Wohlfahrtsstaat* statt – in Schweden sogar unter Mitwirkung der Gewerkschaften. Daher kamen selbst im geordneten Schweden in den späten 1980er Jahren Populisten auf, die mit verharmlosenden Namen wie »Schwedische Demokraten« Anhänger zu gewinnen suchten. Quasi-faschistische Parteien haben selbst in Russland unter Žirinovskij irreführende Namen wie »Konstitutionelle Demokraten« erfunden, die an die liberalen »Kadetten« des späten Zarenreiches anzuknüpfen versuchten. Viele Populisten akzeptierten die EU wie Haider (1994: 283) in Österreich nur als »lose Konföderation von Völkern«. Wenn nationale Regierungen Misserfolge der Politik damit entschuldigen, dass sie auf die Restriktionen hinweisen, die ihnen die Europäische Union auferlegt, werden die Gegner der unpopulären Maßnahmen wegen ihrer »populistischen Unverantwortlichkeit« getadelt. Damit ist ein Element des Populismus erhellt: Populisten rebellieren gegen die angeblichen Sachzwänge von außen. Im Gegensatz zur

Revolutionären tun sie das jedoch weitgehend innerhalb der Spielregeln des Systems.

Im historischen Durchschnitt gehörten zu den Grundannahmen der Populisten:

- Populistische Propaganda ist *weniger programmatisch als moralistisch.* Da Populisten vielfach ein Bias gegen die Wissenschaft und den angeblich inhumanen Rationalismus haben, appellieren sie gern an weit verbreitete Vorurteile im Volk, nehmen aber ungern an kontroversen rationalen Debatten teil. Sie bevorzugten Verschwörungsmythen mit Appellen wie »wir sind betrogen worden« oder »die politische Klasse hat das Volk vernachlässigt«. Politische Tugend ist nach populistischer Auffassung nur im einfachen Volk und seinen kollektiven Traditionen zu finden. Der Liberalismus wurde vielfach zu einer »Philosophie marginaler Gruppen« deklariert. Die großen politischen Ideologien wie Liberalismus und Sozialismus haben nach der Ansicht von Populisten »abgewirtschaftet«. Populistische Führer treten gern als Verteidiger der Freiheit auf, die sie gegen angeblich »fundamentalistische Rettungsideen« verteidigen (Haider 1994: 28, 24).
- Populisten geben vor, die *Korruption der etablierten Eliten zu bekämpfen.* Sie ziehen dabei den negativ belasteten Terminus »*politische Klasse*« vor, weil im Begriff »Elite« noch positive Konnotationen mitschwingen.
- Populisten haben *selten eine konsistente Doktrin entwickelt,* schon weil viele als »*single-issue-movement*« starteten. Es kam nicht zu einem System verbundener Glaubensinhalte in einer Ideologie, sondern zu der Überschätzung eines Problems in der jeweiligen Gesellschaft. In der Dritten Welt entwickelte sich vielfach eine Symbiose von Primitivismus und Progressivismus, der an agrar-sozialistische

Ideen erinnerte – etwa in der Mystifikation des aztekischen Erbes in Mexiko.
- Populismus und Rechtsextremismus toben sich zunehmend im *Internet* mit *flashmobs* aus. Angesichts der diffusen Strukturen sind Verbote extremistischer Botschaften im Internet – wie Sarkozy sie im März 2012 nach den Attentaten von Toulouse vorschlug – vermutlich nicht erfolgreich.

Klassen wurden in populistischen Programmen sekundär. Es kam den Populisten gelegen, dass auch die empirische Forschung in den 1990er Jahren gern die »*Milieus*« und ihre »*Lebensstile*« betonten. Daher hat zur Verwunderung einiger Populismus-Forscher ein ernstes Problem für alle Ideologien wie die Arbeitslosigkeit unter der Gefolgschaft der Populisten nicht die erwartete Rolle gespielt (Betz 1994: 114; Faltin 1990: 81 ff.). Drei von acht entwickelten Milieus waren bevorzugtes Rekrutierungsgebiet für populistische Bewegungen:

- das kleinbürgerliche Milieu,
- das hedonistische Milieu und
- das alternativ-linke Milieu.

Die materialistischen Hedonisten erwiesen sich jedoch als schwer mobilisierbar. Neue soziale Bewegungen sind vielfach als *»fuzzy systems«* angesehen worden. Postmaterialismus-Theorien haben zudem vielfach die Möglichkeiten überschätzt, nachgewiesene populistische Attitüden in Mobilisierung und Organisation umzusetzen. In der NPD-Verbotsdebatte wurde 2012 vielfach die Bedeutung eines Parteiverbots übertrieben. Die NPD wurde von vielen Neo-Nazis schon als »altertümlicher Populismus« eingeschätzt. Die NPD verliert ständig an Mitglieder.

Populismus begann vielfach mit der Beschwörung einer

mystischen Union mit dem Volk. Diese verbale Symbiose ist in der Literatur nur als »Syndrom« und nicht einmal als »Ideologie« eingestuft worden (Wiles 1969: 166). Populistische Führung versucht, eine direkte Kommunikation mit dem Volk herzustellen. In einer Mediengesellschaft, in der auch die etablierten Eliten über Kanäle zur direkten Kommunikation mit dem Wählervolk verfügen, ist es schwer, für Populisten einen Vorteil herauszuschlagen. Demonstrationen und »*rallies*« sind kein Privileg von einzelnen Gruppen mehr, da auch Nicht-Populisten ihre Vorliebe für die »sozialen Bewegungen« entdeckt haben, die sie dem traditionellen Parteibegriff gegenüber stellen.

Ursprünglich begann der Populismus als *ländliche Bewegung*. In der Ära der Globalisierung wandelte er sich zu einem urbanen Phänomen. Nicht selten war der Wettbewerb mit neuen Immigranten eine Stimulanz für populistische Bewegungen – wie in den USA. Da inzwischen die meisten hochindustrialisierten Länder Einwanderungsgesellschaften geworden sind – ob sie es politisch schon verarbeitet haben oder nicht – wird überall Xenophobie und populistische Agitation erzeugt, mit der Ausnahme von linksökologischen Populisten. Amerikanische Linkspopulisten haben ursprünglich viele sozialistische Forderungen übernommen, wie die Nationalisierung der Banken und der Großindustrie. Resistent erwiesen sie sich jedoch hinsichtlich von sozialistischen Ideen zur Kollektivierung der Landwirtschaft. Saskatchewan und Nord-Dakota wurden zu Hochburgen eines ländlichen Populismus. Der frühe Populismus stand in Opposition zur Hyper-Industrialisierung. Die Populisten bevorzugten das kleinteilige Modell »Schwarzwald« statt der Großindustrie vom Typ »Ruhrgebiet«.

Die Populisten seit den 1960er Jahren und viele Rechtsextremisten sind immer noch keine Anhänger von Großindustrie, Kollektivierung und geplanter Wirtschaft. Aber im

Gegensatz zu den frühen Populisten haben viele später relativ individualistische, ja fast neoliberale Vorstellungen entwickelt, und zum Mindesten den Markt als Schiedsrichter über individuelle Lebenschancen akzeptiert.

Der *Neoliberalismus* ging nur in einigen Elementen in rechtspopulistische Gruppen ein. Überwiegend wird gegen die neoliberalistische Entwicklung der Marktwirtschaft nach dem Ende des »realen Sozialismus« eingewandt, dass er meistens schädliche Wirkungen entfaltete: wir die verstärkte Ungleichheit, unmoralische Kommerzialisierung, zunehmende Verquickung von Unternehmens- und Finanzkapital, sowie dramatische Fluktuationen der Finanzmärkte (Brown 2015: 29 ff.). Eher verwandt erscheint die neoliberale Distanz gegenüber der etablierten Politik, »*Governance*« droht die demokratische Auffassung von politischen Werten zu ersetzen.

Während der frühe Populismus des 19. Jahrhunderts vielfach »anti-modernistisch« und agrar-staatlich auftrat, hat sich der neue Populismus modernisiert, auch wenn er eher mittelständisch und kleinkapitalistisch auftritt. Der frühe Populismus wurde gelegentlich dem liberalen Lager zugerechnet, welches Interessen von Handwerkern und Selbständigen, vor allem Bauern, vertrat. Heute sind die Rechtspopulisten eine »farbenfrohe Mischung« aus verschiedenen sozio-ökonomischen Forderungen wie eine liberale Steuerpolitik zum Schutz der »kleinen Leute« und eine fast sozialistische Auffassung von Sozialstaatlichkeit, vermischt mit etatistisch-nationalistischen Vorstellungen über Verstaatlichungen, etwa von Banken. Auf einigen Politikfeldern erscheinen sie eher als indifferent oder haben keine eigenen Standpunkte. Je nach Land variieren die rechtspopulistischen Parteien in ihrer Rechtslastigkeit: die norwegische Fortschrittspartei wirkt als die liberalste Partei in der Gruppe. Der französische »Front National« und die »Slowakische Nationalpartei« SND hingegen erscheinen als die autoritärsten Varianten des Rechtspopulismus. Die

Stammwählerschaft der rechtspopulistischen Parteien wurde vor allem bei arbeitslosen, wenig gebildeten und kaum qualifizierten männlichen Arbeitern unter 40 Jahren und Vertretern der unteren Mittelschicht ausgemacht (Grabow/Hartleb 2013: 20 ff.).

Populismus wurde auch als *Modernisierung des Rechtsextremismus* verstanden, wie im Fall der FPÖ oder der Schweizerischen Volkspartei SVP. Aber selbst ein *Linkspopulismus* mit antikapitalistischen Tönen trat immer häufiger auf der Linken auf, seit die Kommunistischen und Sozialistischen Parteien im Niedergang begriffen waren. Auch vor der PDS in Deutschland machte die polemische Fremdbezeichnung oft nicht halt. Der Populismus neigte vielfach zu *unpolitischem Auftreten*. Der *Anti-Intellektualismus* führte zur Ablehnung von herkömmlichen Institutionen und ihren Repräsentanten. Ein dualistisches Weltbild unterschied vielfach das »reine Volk« und die »korrupte Elite«. Der *Anti-Institutionalismus* zielt auf eine Vorliebe für Methoden der direkten Demokratie in Massenversammlungen und Referenden. Gelegentlich wurde der Populismus als »opportunistisch« klassifiziert, was wenig dazu passt, dass man in ihm eine Ideologie witterte. Die ideologischen Elemente sind aber kaum kohärent. Populismus wurde als »theoretisch armer Konservatismus, gewissermaßen dessen Volksausgabe« gewertet (Priester 2007: 29). Populismus gilt vielfach als *anti-elitär*, obwohl er durchaus seine eigene Elitenauffassung entwickelte, die stark *moralisierend* auftrat. Populismus ist nicht generell anti-autoritär, aber meistens *antipluralistisch* (Müller 2017: 3).

Glistrups Bewegung in Dänemark oder Blochers Partei in der Schweiz sowie die FPÖ unter Haider bevorzugten einen konservativen Populismus, der sich gegen den als »sozialdemokratisch« verschrienen Wohlfahrtsstaat richtete (Haider 1994: 181). Selbst linke Populisten, die links-libertären Ideen nahe standen, haben mit rechtsgerichteten Populisten die Abneigung gegen etablierte Autoritäten geteilt und traten *für dezentralisierte politische Entscheidungen* ein. In anderen Punkten waren sie jedoch fundamental gegen die rechtslastigen Populisten. Einige ökologische Populisten haben sogar mehr Einwanderung befürwortet und proklamierten eine multikulturelle Gesellschaft, die von rechten Populisten erbittert abgelehnt wurde (Betz 1994: 179, 181).

4 Parteien und Populismus

4.1 Parteien zwischen Populismus und Rechtsextremismus

In der angelsächsischen Literatur tauchte der Begriff PEP *(populist extremist parties)* auf (Goodwin 2011: 1). Die Aufzählung im Einzelnen zeigte, dass unser Unterschied von Populismus und Rechtsextremismus dort nicht gemacht wurde.

Der Populismus ist die Folge eines grundsätzlichen Wandels der Parteiensysteme, vor allem seit die Linke in den südeuropäischen Ländern verdrängt wurde, und die Sozialdemokratie im Niedergang begriffen war. So konnte der Terminus »*Wutbürger*« von der »Gesellschaft für deutsche Sprache« zum »Wort des Jahres« gekürt werden. Trotz des Aufstiegs der Grünen fühlten sich einige Teile der Bürger als entfremdet. Vor allem »*submissiveness*« in den Attitüden hat einen neuen politischen Autoritarismus gefördert (Rathkolb/Ogris 2010: 37). Als postmoderne Demokratien begannen, die Sozialausgaben zu kürzen, wurden auch linke Gruppen zu Verteidigern des Status-quo und als Populisten bezeichnet, mit einem Terminus, der bis dahin überwiegend in die Nähe des Rechtsextremismus gerückt wurde.

Etablierte Parteien werden großen Industrieunternehmen immer ähnlicher. Sie vermeiden große Risiken und sind Korporationen bei der Investition und der Investierung in die Identität neuer Gruppen (Crouch 2005: 120). Parteien bevorzugen die Kooperation mit selektiven Gruppen, vermeiden aber hoch spezialisierte populistische Gruppierungen. Daher wurde die Veränderungskraft neuer sozialer Bewegungen in den 1980er Jahren so stark überschätzt. Populisten neigen dazu, auch die *Fraktionsdisziplin* bereits als Beleg für ein angebliches Elitenkartell einzuordnen. Der Populismus verkennt, dass Unzufriedenheit über die Vermittlungsinstitutionen in einem demokratischen System unvermeidbar ist, aber immer wieder korrigiert werden kann (Hartleb 2014: 58 f.). Die Vorstellung, dass populistische Parteien effektiv die Korruption vermeiden und entlarven, erwies sich ebenfalls als unzureichend. Es gab zum Beispiel bei Jörg Haider in Österreich ganz erstaunliche Formen von Korruption.

Populistische Bewegungen polemisierten anfangs in der Regel gegen die etablierten Parteien und versuchen für ihre Selbstbezeichnung den Namen »Partei« zu vermeiden. In den USA nannten sich solche Gruppen etwa »Liga«, wie die »Social Credit League«. Gelegentlich sind sie völlig fehlbenannt, wie die »Liberal-Demokratische Partei Russlands« (LDPR) unter Vladimir Žirinovskij, der von Kritikern häufig als »politischer Clown« angesehen wurde und unter Putin in eine höchst unklare Position gedrängt worden ist. Liberale und soziale Varianten des Populismus lassen sich unterscheiden. Als Prototyp einer sozialen populistischen Partei hat man die »Panhellenische Sozialistische Bewegung« (PASOK) gewürdigt. Anfangs waren die populistischen Gruppen häufig keine Partei im klassischen Sinne. Die vergleichsweise am stärksten als Modell wirkende rechtspopulistische Partei in Europa, der »Front National« unter Jean-Marie Le Pen, war nach der Gründung 1972 zunächst eher eine Konföderation radikaler

Grüppchen. Die österreichische FPÖ wirkte seit der Etablierung 1956 gespalten zwischen einer nationalen und einer liberalen Faktion (Mudde 2007: 41 f.).

Populistische Führer, wie Bernd Lucke als er noch in der AfD war, kokettierten gelegentlich mit dem Begriff »*Partei neuen Typs*«, so auf dem Gründungsparteitag der AfD Mitte April 2013. Dies schien einigen Betrachtern nicht ohne Ironie, weil die SED sich einst auch so bezeichnet hatte. Gewagte Losungen wurden meist in abgemilderter Form vertreten, wie die Losung: »Die Wiedereinführung der DM darf kein Tabu sein« (Gebhardt 2013: 87, 90). Die Forderung nach einem Einwanderungsgesetz kanadischen Vorbilds klang sogar recht vernünftig und wurde von Parteimitgliedern anderer Parteien geteilt (Wahlprogramm Alternative für Deutschland 2013: 4). Auch von Kritikern (Jesse/Panreck 2017: 75) wurde die AfD als populistisch, aber nicht extremistisch eingestuft.

Stark betont wird im Rechtspopulismus die *charismatische Führerschaft*, wie sie schon Max Weber dem *traditionalen und rationalen Organisationstyp* gegenüber stellte. Ein *moralischer Fundamentalismus* rückt einige populistische Bewegungen in die Nähe von religiösen Sekten – vor allem in den USA. Charismatische Führer haben von Perón bis Berlusconi oder Le Pen versucht, Parteien um sich herum zu bauen, obwohl sie eine gewisse Antipathie gegen politische Institutionen mit sich brachten. Diese Charismatiker vertraten nicht selten Verschwörungstheorien, in denen Politiker, Intellektuelle oder Kapitalisten als heimliche Akteure auftauchten (Taggart 2000: 105). Empirische Studien zu kleineren deutschen Parteien, die als populistisch eingestuft wurden – was im Fall der PdS problematisch erscheint – zeigten starke Unterschiede im Führungsstil. Ronald B. Schill galt als Selbstherrlicher, der seine Partei wie ein Eigentum behandelte. Kein Wunder, sie wurde ja in der Öffentlichkeit meist nach ihm bezeichnet. Gysi hingegen achtete stets auf seinen integren Ruf.

Der Gegensatz der Führungspersönlichkeiten Schill und Gysi konnte nicht größer sein, mit Gegensätzen wie Seiteneinsteiger oder bundesweite Größe, Novize oder Profi, Provokateur oder Charmeur, stark oder begrenzt polarisierend (Hartleb 2004: 297 f.).

Es entwickelte sich unter Populisten ein *gewisses Desinteresse an der pluralistischen Demokratie.* Die Vagheit der Perzeption des politischen Systems findet ihren Niederschlag in der Generalität der Perzeption der eigenen Gruppe – eine Tendenz, die Friedrich Dürrenmatt in dem Roman »Der Richter und sein Henker« schon 1950 denunzierte, als ein Schweizer Nationalrat als Mitglied der »Konservativ-liberalsozialistischen Sammlung der Unabhängigen« karikiert wurde. Neu erscheint, dass »Gelegenheits-Populisten« wie Donald Trump viele Stimmen aus der Arbeiterklasse sammeln konnten. Die Programme der rechtspopulistischen Parteien sind meist vage und nur bei einzelnen Themen, die sie übertreibend herausstellen, etwas präziser. Wähler aus allen Gesellschaftsschichten werden angesprochen, vor allem wo man an ihre Ängste vor Modernisierungsprozessen appellieren kann. Die Appelle sind überwiegend nicht an bestimmte Schichten gebunden. Selten hat eine neue Parteigruppe so viele sozialdemokratische Stimmen einfangen können, von denen man eher an eine soziale Parteigebundenheit geglaubt hat. Soziale Abstiegsängste dürften dabei eine Rolle spielen. Sobald Populisten Regierungsverantwortung übernehmen, laufen sie wegen überhöhter Forderungen in die Gefahr, rasch wieder ihre Wähler zu verlieren, wenn sie von ihrer Rhetorik abrücken und pragmatische Forderungen aufstellen.

4.2 Rechtspopulismus in Osteuropa

Vor allem unter den neuen Demokratien in Osteuropa gab es starke Identitätsprobleme durch nationale Irredentas und Minoritätenprobleme (Merkel 2010: 327). So war es zu erklären, dass Ungarn – ein Land, das unter dem Kommunismus zur Vorhut demokratischer Aufmüpfigkeit gehörte – nach dem ersten demokratischen »honeymoon« unter Orbán populistisch wurde. Eine Erklärung dafür war, dass Ungarn sich nach den zwei Weltkriegen durch Verlust weiter Teile, die von Ungarn besiedelt waren, als »Opfer der Geschichte des 20. Jahrhunderts« fühlte. Auch in Österreich ist der Aufstieg des Populismus durch historische Entfremdung erklärt worden. Sie führte dazu, dass Österreicher in Umfragen mehrheitlich für die Zulassung von Ungarn in die EU waren, nicht aber für die Aufnahme von Tschechien und Polen (nur 37 %) (Rathkolb 2010: 89, 132). Bei vielen rechten Gruppen in Osteuropa wurde sogar eine starke Nähe zu den Symbolen faschistischer Regime der 1930er und 1940er Jahre gefunden. In jedem Fall hat die osteuropäische radikale Rechte eine wichtige Rolle im populistisch-autoritären Wandel gespielt, der dort für einige Demokratien gefährlich zu werden droht (Minkenberg 2017: 144, 148). Die neuen Regime wurden bereits als hybride Systeme eines »*elektoralen Autoritarismus*« gebrandmarkt (Schedler 2006).

Nicht nur Differenzen in den sozialen Schichten der Systeme werden durch den Aufstieg von Rechtsextremismus und Populismus sichtbar. Deutschland war durch seine Jahrzehnte lange Teilung auch im Parteiensystem getrennt, obwohl man staunte, dass Kohl es nach der Einigung schaffte, die CDU im Osten stark werden zu lassen. Mit gewissen Enttäuschungen der ostdeutschen Bevölkerung über die sozialen Folgen der Wiedervereinigung kam es vor allem zur Stärkung von Rechtspopulismus und Rechtsextremismus in den östlichen Ländern, die mit einer *doppelten Modernisierung* erklärt werden können. Die übliche nachholende Modernisierung in den ex-kommunistischen Ländern traf mit einem plötzlichen Import der Moderne Westdeutschlands zusammen (Minkenberg 1998: 368). Dabei wurden übertreibend »Pfade zum hausgemachten Terrorismus« in einer »spezifisch sächsisch-ostdeutsch-nationalen Identität« gewittert (Schellenberg 2016: 331). Immerhin: Ostdeutschland zeigt relativ wenig abweichendes Verhalten von der allgemeinen Anfälligkeit für Rechtspopulismus und Rechtsextremismus in den ex-kommunistischen Ländern Osteuropas, wo Gruppen wie die »Partei Recht und Gerechtigkeit« (PiS) unter Jaresław Kaczyński sogar rasch eine Koalitionsregierung bilden konnten. Die rechtspopulistischen Parteien Osteuropas standen oft im Zentrum des Parteiensystems, nicht an der Peripherie (v. Beyme 1996: 433).

Die Einordnung der osteuropäischen Populisten war schwer, weil sie noch widersprüchlicher als westliche Populisten auftraten, und sozialökonomische Positionen mit konservativen Ansichten in Gesellschafts- und Außenpolitik verbanden. Ein Typ der osteuropäischen Partei wurde »*couch party*« genannt, wenn es an einer klaren organisatorischen Struktur und einer organisierten Mitgliedschaft mangelte (Hartleb 2013: 355). Historische Bedingungen des Rechtspopulismus waren traditionell starke nationale Ideen und autoritäre Traditionen in Ländern, die sich zwischen den Großmächten bedroht fühlten, die Schwäche der neuen Parteiensysteme und die Schwierigkeiten in der Transformationspolitik. In Osteuropa wurden als Gegner der Rechtspopulisten und Extremisten im Gegensatz zum Westen regionale und ethnische Minderheiten kritisiert, wie die Sinti und Roma. Eine viel beachtete These war die von Claus Offe (2003) zum »*Dilemma der Gleichzeitigkeit*«. Eine gegenseitige Blockierung von Demokratisierung und dem Aufbau einer kapitalistischen

Marktwirtschaft schien die Entwicklung zu behindern. Von anderen Autoren wurde kritisiert, dass die Entwicklung in Osteuropa oft allzu simpel als »nachholende Modernisierung westlichen Typs« eingestuft worden ist. Bos und Segert (2005: 323, 328) haben bereits relativ früh die Nachholthese revidiert und als Gegenhypothese angeboten, dass der Osten eine Art Frühwarnsystem ist, für das was uns im Westen als Gefährdungen der Demokratie drohen kann. Guido Tieman wies mit Recht darauf hin, dass die üblichen »cleavages« (Zentrum versus Peripherie, Staat versus Kirche, Stadt versus Land, Arbeit versus Kapital) in Osteuropa nicht in gleicher Weise wie im Westen den Parteienwettbewerb strukturieren, da es noch keine Konfliktlinie gebe, die sich in postsozialistischen Ländern fest verankere. Dies zeigten nicht zuletzt die raschen Wandlungen in den Parteiensystemen des Ostens. Bemerkenswert ist der Umstand, dass es keine Versuche gegeben hat, das spätsozialistische System wieder herzustellen.

Marktwirtschaft und Demokratie waren für viele Akteure schon im auslaufenden sozialistischen Krisensystem innerlich akzeptiert, vor allem in Polen und Ungarn. Gleichwohl lebten Konflikte zwischen Sozialisten und ihren Gegnern gelegentlich wieder auf, wenn die marktwirtschaftliche Demokratie Mängel aufzuweisen schien. Der Konflikt »Zentrum versus Peripherie« hat in Osteuropa vielfach nicht die gleiche Virulenz erreicht wie in einigen multiethnischen Staaten des Westens, etwa in Spanien. In einigen Ländern wie Polen, Ungarn und Tschechien war die Schrumpfung des Territoriums dafür verantwortlich, welche Konflikte nicht mit ethnischen Minderheiten, sondern mit Sondergruppen, wie die Roma in Tschechien, auftraten und die Migration, welche die neuen Konflikte schuf (Bos/Segert 2008: 328). Rumänien und die Slowakei mit starken ungarischen Minoritäten waren in diesem Punkt gewisse Ausnahmen. Die deutschsprachigen Rumänen hatten das Land schon früh in großer Anzahl verlassen.

In *Russland* gibt es zahlreiche ethnische Minderheitenprobleme, aber das Parteiensystem ist so autoritär strukturiert, dass diese sich nicht im politischen Wettbewerb niederschlagen. Einen Sonderfall stellt die Ukraine dar. Hier gibt es Meinungsverschiedenheiten angesichts der starken historischen und sprachlichen Einflüsse der russisch-sprechenden Bürger, die bei einigen Betrachtern auf die Hälfte der Bevölkerung geschätzt wird, keineswegs nur im östlichen Konfliktgebiet und am wenigsten in Ost-Galizien. Tschechien und Ungarn scheinen vergleichsweise etablierte Parteiensysteme entwickelt zu haben. Die Instabilität der Regierungsbeteiligung trübt aber auch in diesen Ländern das Bild einer guten Wettbewerbssituation in der Parteienlandschaft. Präsidiale Elemente, die das parlamentarische System verändern, und ein dadurch »gelenktes Parteiensystem« beeinflussen die politische Entwicklung.

Osteuropa wurde zu einer neuen Hochburg des Populismus, da die Parteiensysteme nicht sehr verfestigt waren. Die Option für ein präsidentielles oder semi-präsidentielles System führten zu einem geringeren Einfluss der Parteien in der politischen Willensbildung. Sperrklauseln – in Russland bis zu 7 % – haben die Parteienkonzentration unterstützt. Darüber hinaus zeigte sich freilich, dass die formellen Regeln vielfach vom informellen Verhalten der Politiker unterlaufen wurden. Es ist auch die These vertreten worden, dass nach dem Abbau der sozialistischen Systeme der Einfluss der staatlichen Einrichtungen drastisch reduziert worden sei (Bos/Segert 2008: 331 ff.).

Alle osteuropäischen Populisten haben eine Art »*wirtschaftlichen Nationalismus*« vertreten, der die heimische Industrie und vor allem die Landwirtschaft schützen sollte. Gleichwohl ist die Slowakische Nationale Partei in stärker liberale Positionen eingerückt, und schien den Christdemokraten näher zu kommen. Eine Anti-Korruptionsbewegung war ein weiterer Aspekt der populistischen Parteien in Osteuropa, die mit den westlichen Pendants geteilt wurde. Es gibt gleichwohl viele Unterschiede des Populismus in Osteuropa. Nur *Klerikalismus und Opposition gegen ethnische Minderheiten* fanden einige Forscher als Gemeinsamkeit (Pirro 2013: 615 ff., 622).

Ein nicht lediglich deskriptiver Ansatz, wie Wolfgang Merkel (2010: 549 ff.) ihn verfolgte, entwickelte im Gegensatz zur negativen Konsolidierung die *positive Konsolidierung* demokratischer Regime in Osteuropa. Vier Elemente für die Konsolidierung wurden aufgezeigt:

- Die *konstitutionelle Konsolidierung*, gemessen an institutioneller Effizienz und Transparenz, sowie die Integrationsfähigkeit von Institutionen. Nach den Daten der Bertelsmann-Stiftung lagen in diesem Bereich Estland, Slowenien, Polen, Litauen und Ungarn an der Spitze. Am Ende rangierte Belarus, wie in den meisten Statistiken. Russland lag meist auf dem drittletzten Platz vor Moldawien auf dem zweitletzten Rang.
- Die *repräsentative Konsolidierung* zeigte eine abweichende Rangfolge, mit Ungarn an der Spitze, vor Tschechien, Slowenien und Kroatien.
- Bei der *Verhaltenskonsolidierung* und dem Vergleich möglicher Vetoakteure erscheint die Gefahr, die von Vetoakteuren, insbesondere dem Militär, ausgeht in Osteuropa geringer als in den Ländern der Dritten Welt. In der Verhaltenskonsolidierung führten Ungarn, Tschechien, Slowenien und die Slowakei.
- Die *Konsolidierung der demokratischen Kultur* erscheint eher gering. Die »starken Demokraten« sind unterrepräsentiert. Dennoch machten die Autokraten angeblich nur 10 % aus.
- In der *Gesamtkonsolidierung* führten Slowenien, Tschechien, Estland und Ungarn.

Es wurden schließlich vier Demokratie-Typen ausgemacht:

- *Rechtsstaatliche Demokratien* schienen die meisten Regime.
- *Defekte Demokratien* fanden sich in Mazedonien, Serbien-Montenegro, Albanien, der Ukraine und Bosnien-Herzegowina.
- *Stark defekte Demokratien* stellten Russland und Moldawien dar.
- Als *autokratisch* wurde um diese Zeit der Bertelsmann-Daten von 2005 nur Belarus eingestuft.

Inzwischen hat sich vermutlich einiges verschoben, vor allem in Russland und Moldawien. Von den 18 erforschten Ländern wurden sieben Länder als kaum noch von westeuropäischen Demokratien zu unterscheiden eingestuft. Merkel (2010: 556) sieht damit das Offe'sche »*Dilemma der Gleichzeitigkeit*« nicht bestätigt. Ein Grund dafür ist das Fehlen von wichtigen Variablen wie Modernität, Staatlichkeit und externe Akteure. Die Bedeutung der letzteren hat sich bereits an den Verlierern des Zweiten Weltkriegs, insbesondere Deutschlands und Japans, erwiesen. Die Hoffnung hinsichtlich der Aufnahme in die EU war ein wichtiger äußerer Anreiz für die Demokratisierung in Osteuropa.

Quantitative Überblicksstudien machen Einzelstudien über die Länder Osteuropas nicht überflüssig. Viel diskutiert wurde der *Sonderfall Polen*. Vor allem in der Jugend optierten viele nach einigen Enttäuschungen mit der Entwicklung für eine nationale Sonderentwicklung. Die prägende Macht des »Onkels Deutschland« führte zu nationalen Gegenreaktionen: »erst Polen, dann Europa«, während es angeblich in Deutschland umgekehrt ist. Trumps Rede in Warschau vor dem G 20-Treffen im Juli 2017 in Hamburg, hat polnische Vorurteile verstärkt. Polen soll eine Führungsrolle in Ost-Mittel-Europa übernehmen, damit es künftig mit Deutschland auf Augenhöhe kommunizieren kann.

Von Polen und Kroatien wurde am 25. August 2016 eine »*Drei-Meere-Initiative*« mit zwölf Staaten in Ost- und Südosteuropa zwischen Ostsee, Adria und Schwarzem Meer gegründet. Trump nahm Anfang Juli 2017 in Warschau am zweiten Kongress der Initiative teil und stärkte damit das Selbstbewusstsein der Region gegen die EU. Diese Initiative scheint ein Weg zu mehr Paritätsbildung zwischen Ost und West, verkennt aber, dass sie ohne die Unterstützung der EU nicht erfolgreich sein dürfte, zumal die Initiative bisher der formellen Struktur entbehrt (Gnauck 2016: 103 ff.). Jadwiga Staniszkis (2016: 103 ff.), eine ursprüngliche Anhängerin von Kaczyński, hat später harsche Kritik an dem Politiker geübt. Sie kritisierte eine »archaische Konzentration der Macht«, einen »infantilen Autokratismus« und die Entwicklung einer »östlichen Rechtskultur«. Sie sah in ihm entgegen seinem Ruf im Westen einen »wenig religiösen Menschen, deshalb auch ohne jede Empathie für die Menschen«. Druck der EU zur Änderung des Kurses sah sie nicht als Mittel an, glaubte andererseits aber nicht, dass Polen in einer Diktatur enden würde. Populistisch auf ihre Art wirkte die Kritikerin, wenn sie davon ausging: »Die Polen sind viel klüger, haben ein höheres Niveau als ihre Politiker«.

4.3 Internationale Zusammenschlüsse

Die EU war ein wichtiger Konfliktpunkt rechtspopulistischer Parteien. Aber erst in den 1990er Jahren wurden neoliberale Populisten zu einflussreichen Akteuren in der europäischen Politik. Die ungarische Bewegung »Jobbik« hat vorübergehend um 2006 sogar den Rückzug aus der EU und ein Referendum gefordert. Später wurde die EU als Plattform angesehen, auf der die »ungarischen Interessen ohne Kompromiss durchgesetzt« werden müssten. Die Slowakische Nationalpartei war vergleichsweise in Ost-Mittel-Europa die populistische Gruppe, die am stärksten für die Mitgliedschaft in der EU eintrat. Ein Grund dafür war die Möglichkeit, den regionalen Zusammenhalt im Land zu fördern. Aber alle populistischen Parteien – ähnlich wie im Westen – lehnten ein Integrationsmodell nach dem Lissabon-Vertrag ab und bekämpften die Idee der »Vereinigten Staaten von Europa« (Pirro 2014: 619).

Die stark nationale Ausrichtung der meisten populistischen und erst recht der rechtsextremistischen Parteien stand vielfach der internationalen Organisation im Wege. Jean-Marie Le Pen hat versucht, dies zu ändern. 1997 wurde die Schaffung einer »*European National Union*« *(Euronat)* angekündigt, die gegen die EU und die NATO agitieren sollte. Le Pen reiste nach Osteuropa und fand für seine Idee einige Resonanz, etwa in Tschechien, der Slowakei und in Ungarn. Sogar die Schweden-Demokraten (SD) wurden Mitglied bei Euronat. Einige Parteien haben die Institution nach einer Weile jedoch wieder verlassen (Vejvodová 2013: 381f.). Nach den Europa-Wahlen von 1999, in denen die Rechtsextremen wenig Erfolg hatten, ist die Zusammenarbeit der Euronat-Mitglieder zurückgegangen. Gelegentlich kam es auch zu Meinungsverschiedenheiten wie zwischen der Deutschen Volksunion (DVU) und der tschechischen SPR-RSC hinsichtlich der Sudentenlandfrage. Auch zwischen Ungarn und Slowaken gab es Konflikte. Ein gemeinsames Ziel war meist die Ablehnung der Aufnahme der Türkei in die EU. Für Europa kam in dieser Gruppe nur eine lose Konföderation vor, die eine Absage an den europäischen »Superstaat« darstellte. Im Januar 2007 wurde auf Initiative der FPÖ – nach der Aufnahme von Bulgarien und Rumänien in die EU – eine Gruppe »*Identity, Tradition, Sovereignty*« *(ITS)* geschaffen, die aber nur zehn Monate lebte und zerbrach, als Alessandra Mussolini behauptete, die Rumänen seien »habituelle Rechtsbrecher«. 2009 kam es zu einer erneuten Vereinigung in der »*Alliance of European National Movements*« *(AENM)*. 2012 wurde diese Gruppe als europäische politische Partei anerkannt. 25 Abgeordnete sind erforderlich, um eine politische Gruppe im Europäischen Parlament zu bilden. Ende 2011 trat Marine Le Pen aus der AENM aus und wurde Mitglied der »*European Alliance for Freedom*«, die 2010 gegründet worden war. Drei weitere Allianzen haben die europäischen Wahlen von 2009 angefochten, Die FPÖ, eine alte Initiatorin von Zusammenschlüssen, schien zu Beginn der parlamentarischen Periode im Europäischen Parlament isoliert. Die Gruppe »*Europe of Freedom and Democracy*« *(EFD)* nahm weder die FPÖ noch die niederländische »Partij vor de Vrijheid« auf. Ende 2010 wurde eine neue europäische Partei gegründet, die »*European Alliance for Freedom*« *(EAF)*, die im Frühjahr 2011 vom Parlament als europäische Partei anerkannt wurde (Schiedel 2011: 32, 97 ff.). Es zeigte sich immer wieder, dass die nationalistischen Parteien schwer miteinander kooperieren konnten. Der Schutz der »Europäischen Zivilisation« als Ziel war vielfach nicht einigend genug.

Die Ausdehnung der Rechtspopulisten ist in Europa beträchtlich. Es ist bereits von einer »*rechten Internationale*« die Rede (Ahr 2016). Sie umfasst:

- Hofer und die FPÖ in Österreich,
- Geert Wilders' Partei in den Niederlanden,
- Marine Le Pen und den »Front National« in Frankreich,
- Kaczyńskis »konservative Regierung« in Polen,
- Christoph Blocher und die Schweizerische Volkspartei,
- Die Dänische Volkspartei, zweitstärkste Partei im Parlament,
- Die Lega Nord in Italien,
- AfD in Deutschland,
- Viele Brexit-Anhänger in Großbritannien.

Im EU-Parlament gab es bereits drei rechte Fraktionen. Im Sommer 2015 haben sich immerhin 36 Europa-kritische Abgeordnete aus acht Ländern zur ENF-Fraktion zusammengeschlossen. Nicht alle rechtspopulistischen Parteien unterhalten rege Kontakte. Die AfD wollte anfangs mit dem »Front National« nicht viel zu tun haben.

Populistische Parteien werden zunehmend erfolgreich in den Wahlen – anders als in der Entwicklung bis 1990.

- In den letzten europäischen Wahlen haben populistische Parteien 12,5 % der Stimmen erreicht. Nur Luxemburg, Portugal und Slowenien fehlten in der Liste.
- In etwa 20 europäischen Ländern haben die Populisten ca. 10 % der nationalen Stimmen gewonnen.
- In fünf Ländern ist die populistische Partei die stärkste Partei geworden: Griechenland, Ungarn, Italien, Slowakei und Schweiz. In drei Ländern haben Rechtspopulisten eine Stimmenmehrheit erlangt (Ungarn, Italien, Slowakei).
- In drei Ländern (Finnland, Norwegen und Schweiz) ist die populistische Partei Teil der Regierung (vgl. Tabelle S. 74 f.).
- In der Bundesrepublik waren die Stimmenanteile der Rechtspopulisten von 1991 bis 2011 nur in zwei Ländern gelegentlich über 10 % wie bei den Republikanern in Baden-Württemberg 1992: 10,9 % und bei der DVU in Sachsen-Anhalt 1998: 12,9 %. In Sachsen kam die NPD 2004 mit 9,2 % dieser Marge nahe (Stöss 2013: 596). Das änderte sich bei der Bundestagswahl 2017, als die AfD 12,6 % der Stimmen erhielt.

Es wurde gelegentlich behauptet, dass es eine »Populistische Internationale« ebenso wenig geben könne wie eine »Nationalistische Internationale«. Mit Recht ist gegen die These eingewandt worden, dass bei einem gemeinsamen Feinderlebnis eine populistische wie eine nationalistische Internationale durchaus denkbar wäre (Müller 2016: 126).

4.4 Ursachen des Aufstiegs populistischer Parteien

Als die Parteien sich von klassengebundenen Massenparteien zunehmend in lose Bewegungen und *professionalisierte Wählerparteien* entwickelten (v. Beyme 2002), gewannen populistische Elemente die Chance vom Randphänomen in das Zentrum des Parteiensystems zu gelangen – wie Berlusconi in Italien und viele Parteien in post-kommunistischen Ländern zeigten. In diesem Prozess verlor der Populismus einiges von seinem früheren Image des status-versessenen Kleinbürgertums und fand zunehmend Anhänger auch in der Arbeiterklasse. In vier Dimensionen hat sich die Forschung dem Populismus zugewandt:

- Die ideologische und programmatische Dimension,
- die personelle Dimension der Führerschaft,
- die technische Dimension eines simplifizierenden metaphorischen Stils der politischen Propaganda,
- die wachsende Bedeutung von positiven oder negativen Kampagnen in den Massenmedien, die sich zunehmend auf »events« und Skandale konzentrieren.

Der Populismus erwies sich nicht als Einbahnstraße. Er wurde anfangs erleichtert durch den Wandel der Ideologien und der Organisationsmuster der Parteien im Niedergang der traditionellen Parteiensysteme. Sie waren gekennzeichnet durch eine Abnahme der Parteimitgliedschaften, der Parteienidentifikation und der Wahlbeteiligung. Parteieliten professionalisierten sich. Anti-Establishment-Gefühle und Anti-Parteien-

Tabelle 4.1 Rechtspopulistische Parteien in Europa*

Land	Rechtspopulistische Partei	Stimmen in % (letzte Wahl)	Regierungsbeteiligung (national)
Belgien	Vlaams Belang (VB)	3,7 % (2014)	Nein
Bosnien-Herzegowina	–	–	–
Bulgarien	–	–	–
Dänemark	Dansk Folkeparti (DF)	21,1 % (2015)	Nein
Deutschland	Alternative für Deutschland (AfD)	4,7 % (2013) 12,6 % (2017)	Nein
Estland	–	– (letzte Wahl 2017) ➔ zuvor 4,5 % (2014)	–
Finnland	Perussuomalaiset (PS)	17,6 % (2015)	Ja
Frankreich	Front National (FN)	13,2 % (2017)	Nein
Griechenland	Chrysi Avyi (XA)	7,0 % (2015	Nein
Irland	–	–	–
Italien	Lega Nord (LN	4,1 % (2013)	Nein
Kroatien	–	–	–
Lettland	–	–	–
Liechtenstein	–	–	–
Litauen	Partija Tvarka ir Teisingumas (TT)	5,3 % (2016)	Nein
Luxemburg	–	–	–
Niederlande	Partij voor de Vrijheid (PVV)	13,1 % (2017)	Nein
Norwegen	Fremskrittspartiet (FRP)	16,3 % (2013)	Ja
Österreich	Freiheitliche Partei Österreichs (FPÖ)	20,5 % (2013) 26,0 % (2017)	Nein Ja

Land	Rechtspopulistische Partei	Stimmen in % (letzte Wahl)	Regierungsbeteiligung (national)
Polen	Kukiz'15 (K)	8,8 % (2015)	Nein
Portugal	–	–	–
Rumänien	–	–	–
Russland	Liberalno-Demokrati-českaja Partija Rossii (LDPR)	13,1 % (2016)	Nein
Schweden	Sverigedemokraterna (SD)	12,9 % (2014)	Nein
Schweiz	Schweizerische Volkspartei (SVP)	29,4 % (2015)	Ja
Serbien	Srpska Radikalna Stranka (SRS)	8,1 % (2016)	Nein
Slowakei	Ľudová Strana Naše Slovensko (L'SNS)	8,0 % (2016)	Nein
Slowenien	–	–	–
Spanien	–	–	–
Tschechien	Usvit – Narodni Koalice	6,9 % (2013)	Nein
	ANO	29,7 % (2017)	Ja
Türkei	Milliyetçi Hareket Partisi (MHP)	11,9 % (2015)	Nein
Ukraine	Vseukrajinske Ob'jednannja »Svoboda«	4,7 % (2014)	Nein
Ungarn	Jobbik Magyarországért Mozgalom (JOBBIK)	20,2 % (2014)	Nein
Vereinigtes Königreich	United Kingdom Independence Party (UKIP)	12,6 % (2015)	Nein

* Redaktionsschluss: Oktober 2017.
Quelle: Eigene Darstellung.

Stimmungen breiteten sich aus. Es gibt keinen Grund, diese Entwicklungen nur negativ zu bewerten. Der moderne Wähler erwies sich als besser informiert als der alte in Zeiten der Klassenparteien. Er war weniger kollektivistisch gesonnen und unabhängiger in seinem Urteil von den großen Maschinen. Unerwünschte Nebenfolge: erhöhte Wählerstimmen-Fluktuation *(Volatilität)* bei Wahlen.

Es wird bedauert, dass die Ursachen für solche Erfolge der Rechtspopulisten bisher kaum umfassend erforscht sind. Polen und Ungarn haben geringe Immigration aber große populistische Vertretungen im Parlament, daher wollten einige Forscher die Einwanderung nicht als Grund gelten lassen. Aber vielleicht ist die Einwanderung so gering, gerade weil die Populisten stark sind.

Als Gründe für den Aufstieg der populistischen Parteien wurden von dem niederländischen Populismus-Forscher Mudde (2016: 71 ff.) angegeben:

- Wichtige Probleme sind von den Eliten nicht adäquat verfolgt worden,
- politische Eliten sind uniform und in den meisten Ländern machtlos.
- Die kognitive Mobilisierung hat mehr Bildung erzeugt und die Gebildeten wurden kritischer gegenüber Regierungen.
- Die Medienstruktur hat sich den unterprivilegierten Gruppen, die sich in populistischen Parteien sammeln, stärker geöffnet. Wo die traditionellen Medien sperrig blieben, haben Populisten über Twitter Aufmerksamkeit erreicht, wie Wilders in den Niederlanden.

Im internationalen Kontext wurde der Populismus als Gefahr für die demokratischen Institutionen bei Wahlen angesehen, weil populistische Wahlkampagnen das Vertrauen in die Integrität des Wahlprozesses erschüttern und gelegentlich Praktiken anwenden, welche die internationalen Standards der Wahlintegrität verletzen (Norris/Grömping 2017: 28). Solche Urteile sind angebracht, wenn auch alle Länder der Dritten Welt in die Analyse einbezogen werden, sind aber für Deutschland und die meisten Länder Westeuropas übertrieben. Auch sonst wurde der Aufstieg der populistischen Gruppen von der Wahlforschung keineswegs immer positiv beurteilt. Populistische Politiker drohen *Betrug und Korruption* zu fördern, die Menschenrechte und Parteienwettbewerb begrenzen könnten. Von Ungarn bis Australien wurden Fälle unethischen Wahlverhaltens bei Populisten nachgewiesen. Es verhärten sich die Thesen, dass Russland populistischen Parteien auch finanziell half, wie Marine Le Pen 2014. Dass sie 2017 Putin besuchte, ist ebenfalls nicht als Zufall gewertet worden. Die Niederländische Freiheitspartei hat mit Putins Partei sogar einen Kooperationsvertrag unterzeichnet (Müller 2016; Norris/Grömping 2017: 28). Schon früh war von einem »elektoralen Autoritarismus« die Rede, vor allem für Osteuropa (Schedler 2006).

Zunehmend wird auch konservativen Parteien eine Tendenz zum Rechtspopulismus nachgesagt, wie Theresa May in Großbritannien, die angeblich zu den Wegbereitern von Fremdenfeindlichkeit und Antiislam-Gefühlen gehört, und als Innen- und später als Premierministerin keine wichtigere Aufgabe kannte, als die Zahl der Einwanderer unter 100 000 pro Jahr zu drücken. Seit sie durch die Wahlen 2017 in die Minderheit geriet, musste sie einlenken. Sie versuchte nun den tätlichen Antiislamismus, der im britischen Alltag sehr präsent war, legislatorisch und administrativ zu mildern (Schindler 2017: 97).

Bedeutsam für den Aufstieg populistischer Parteien war die *Neuorientierung einiger sozialer Schichten*. Die Dänische Volkspartei (DF) oder der Front National (FN) in Frankreich sind übertreibend sogar »Arbeiterparteien« genannt worden, die auf Kosten der Sozialdemokraten wuchsen. Populistische Parteien haben vor allem die verunsicherten unteren Mittelschichten mobilisiert, die sich wirtschaftlich unsicher fühlten und einen geringen Bildungsgrad aufwiesen. Originell war in diesem Zusammenhang die These, dass die *Kulturpolitik für diese Gruppen noch wichtiger war als die ökonomischen Sorgen* dieser Schichten. Dies wurde an der rasch entstehenden anti-islamischen Haltung sichtbar. Vergleiche der Voten in bestimmten britischen Bezirken zeigte, dass die Populisten vor allem in Regionen mit großen Teilen von muslimischen Wählern aus Bangladesch oder Pakistan stark wurden, während sogar Regionen mit vielen Schwarzen oder nicht-muslimischen Asiaten weniger populistisch wählten. Doppelt so viele Anhänger von populistischen Parteien (81%) wie sonstige Bürger (42%) gingen davon aus, dass der Islam eine Gefahr für die westliche Zivilisation darstelle. Im europäischen Vergleich zeigten die Briten sogar die höchste Anzahl an Befragten, welche die Immigration bedrohlich empfanden, während es in Spanien die Arbeitslosigkeit war, welche die höchsten Sorgen der unterprivilegierten Arbeiterschaft deutlich werden ließ (Goodwin 2011: 8 f., 10, 15).

Der Versuch von Wissenschaftlern zu demonstrieren, dass Immigration einen wirtschaftlichen Vorteil für ein Land bringen kann, kam bei den Betroffenen nicht an. In einigen Ländern fühlte sich bereits ein Drittel wie Ausländer im eigenen Land. Deutschland, das in diesen Studien vergleichsweise aufgeklärt antwortete, lag in der Frage, ob die Immigration die Löhne verringern helfen, mit 39% noch unter dem EU-Durchschnitt, aber unwesentlich unter den Antworten von Bürgern in Italien und Frankreich. Bei der Frage, ob die muslimische Kultur sich in die Landeskultur gut einfügt, war Deutschland ausnahmsweise sogar am Ende der Skala von Ja-Stimmen. Es wurde in dieser Umfrage-Studie nach Gegenstrategien gesucht, wie Exklusion von Immigranten, aber es fand sich keine für alle Länder verallgemeinerbare Ansicht. Radikale Exklusion drohte sogar den Konflikt zu zuspitzen. Am optimistischsten war man bei Maßnahmen auf lokaler Ebene. Früher neigte man dazu, die populistischen Attitüden mit dem Alter der Befragten in Verbindung zu bringen. Auch das ließ sich nicht halten. Die Jugend unter 35 % wurde erstaunlich oft mobilisiert – in der FN waren es 37 % (ebd.: 19, 30).

Als wichtigste Frage für die Demokratie gilt, ob die Systeme gegen extremistische Herausforderungen gewappnet sind. Dies wird verneint. Deutschland gilt jedoch als löbliche Ausnahme, weil es eine *»wehrhafte Demokratie«* aufgrund der Weimarer Erfahrungen entwickelt hat. Die USA gelten als das Gegenbeispiel mit sehr breiter Toleranz für abweichendes politisches Verhalten (Mudde 2016: 129 ff.). Der zitierte Autor plädiert für diese tolerante Haltung, weil er an den therapeutischen Effekt der freien Meinungsäußerung glaubt. Die weite Äußerungsmöglichkeit stärkt das demokratische Gefühl der Populisten und vor allem die demokratischen Teile der Bewegung.

Der Aufstieg des Populismus ist auch mit der Hypothese analysiert worden, dass die großen Parteien der Mitte sich immer ähnlicher werden. Keine Einigkeit herrscht freilich unter den Analytikern, wo die Balance zwischen extremer Lagerbildung wie in der Weimarer Republik und postdemokratischer Uniformität liegt (Probst 2011: 61). Im Gegensatz zum Populismus in den Nachkriegsjahren ist jedoch die Entfremdung der Bürger nicht nur in *»Passivismus«* umgeschlagen, der sich in immer geringerer Wahlbeteiligung niederschlug. Es kam vielfach zur *»partizipatorischen Protestdemokratie«* (Niehuis 2011: 32 ff.), genährt von Vorurteilen gegen die Parteien. Der *»Wutbürger«* lässt keinen politischen Quietismus zu.

Wutbürger können auch vergleichsweise gelassen auftreten, wie die *Piratenpartei* in Deutschland, die sich als »update« der liberalen Partei FDP empfindet und in vielem keineswegs links agitiert. Führung war in dieser Partei verpönt. Leitende Figuren bleiben »Stichwortgeber« für die *Generation Social Media*. Die Stichworte waren relativ einseitig pointiert. Transparenz ist das Stichwort, das sich gegen den angeblichen Überwachungswahn des Staates richtet, der unaufhörlich dem Verdacht nachgeht – gegen Geldwäsche, Steuerhinterziehung oder Vorteilsnahme im Amt (Hank 2012: 38). Die Gegenbewegung verabsolutiert in einem »halben Liberalismus« die Transparenz und reduziert den Staat auf Dienstleistungsfunktionen. Selbst die Grünen gelten schon als zu etabliert. Die Piraten wirkten auf die Jugend attraktiv, weil sie kein Programm formulierten und radikale Gleichheit anstrebten (Pham 2012: 1). Sie sind keine Organisation, sondern ein Netzwerk und passen zu dem, was die Jugend im Internet täglich erlebt und praktiziert. Selbst der herkömmliche Populismus erscheint mit dieser radikalen partizipatorischen Demokratie-Vorstellung schon obsolet.

Diese Entwicklung zur radikalen Internet-Demokratie wurde verstärkt durch den Aufstieg der Experten. *Außerparlamentarische Expertengremien* haben die Demokratien stark verändert. Noch kam es aber nur unter Mario Monti zu einer »Politik ohne Politiker«. Das italienische Kabinett nach Berlusconis Abgang war ausschließlich von Fachleuten besetzt. Mehr als die Hälfte des Kabinetts waren nach Presseberichten Universitätsprofessoren. Weniger radikale Experimente hatte es in Vielparteiensystemen öfters gegeben. In der Weimarer Republik waren jedoch die *»Sachwalterkabinette«* meist nicht sehr erfolgreich. Immer wieder ist gegen die *»Verbonzung«* (Helmut Kohl) der Parteiendemokratie gewettert worden. Empirische Studien zeigten aber, dass die deutschen Parlamentarier eher ein eingeschränktes und nüchternes Amtsverständnis haben. In der deutschen Parlamentarierstudie (DEUPAS) zeigten die Mandatsträger der vier wichtigsten demokratischen Parteien, dass sie die Zuständigkeit für gesellschaftliche Innovation bei den Bürgern verorten und nicht bei der Wirtschaft oder der Politik (v. Alemann u. a. 2011: 32). Grund dafür ist die Segmentierung der Politik, die Abgeordnete auch zu beschränkten Experten werden lässt. Man wundert sich dann allerdings, dass die Bewegung für den Ausbau der Referendumsdemokratie nicht stärker ist. »Stuttgart 21« hat die Stimmen in Politik und Wissenschaft eher wieder skeptischer werden lassen (Merkel 2011: 49 ff.).

Das *Modell der Sachschlichtung* erwies sich in Umfragen als sehr beliebt bei den Bürgern. Runde Tische gab es schon länger. Hier aber wurde eine neue Form von Bürgerbeteiligung ausprobiert. Erfolgreich kann dieses Modell aber nur werden, wenn Kritiker und Befürworter von Projekten paritätisch angehört werden und ein neutraler Moderator die Verhandlungen leitet (Brettschneider 2011: 42, 46). Weniger optimistisch sind viele Analytiker hinsichtlich der *Referendumsdemokratie*. Sie haben zur Intensivierung der Diskurse bei Sachfragen wie dem EU-Beitritt beigetragen, zumal mit der Frage keine der üblichen Personaldebatten verbunden waren. Aber in der Policy-orientierten Alltagsdemokratie haben diese Erfolge sich auch in der Schweiz kaum gezeigt. Volksabstimmungen haben nicht das Volk als Ganzes, sondern meist gut repräsentierte Mittelschichten dank ihrer Lobby-Organisationen gestärkt (Merkel 2011: 52, 55). Die weniger gut situierten unteren Mittelschichten antworten auf diese Erfahrungen einer selektiven Repräsentation »des Volkes« nicht selten mit populistischen Tendenzen. Die Schweiz zeigte, dass Referenden kein Mittel gegen Populismus sind. Selbst hier hat der Populismus um Blocher das Parteiensystem durcheinander gewirbelt. Das hinderte freilich nicht, dass Peter Köppel (2011), Chefredakteur der »Weltwoche« in Zürich, den Deutschen immer wieder das Schweizer Vorbild empfahl.

Für unser Thema am interessantesten war eine erste Bedrohung: populistische Bewegungen, die verhärtete Traditionsbestände einer von kapitalistischer Modernisierung gefährdeten Lebenswelt blind verteidigen. Die Zivilgesellschaft war gleichsam autopoetisch geworden: Sie kann sich nur noch selbst transformieren, aber die ganze Gesellschaft erweist sich nicht als änderbar. Das war eine erneute Absage an machthungrige Systemveränderer, wie an populistische Demagogie, die eine Systemveränderung verbal noch beschwören.

Die Krisenklassifikationen bei Habermas haben die Populismus-Debatte trotz seiner Warnungen mit Variationen erfasst. Es wurden von Populisten gebrandmarkt:

- Eine *Verteilungskrise,* die an steigenden Arbeitslosenzahlen festgemacht wurde.
- Eine *Krise der Identitätsgefühle* in der Gesellschaft durch wachsende Einwanderung.
- Eine *Krise der Repräsentation,* die wachsende Entfremdung von Parteien förderte und nach Forderungen zu direkter Demokratie durch »das Volk« drängte.

Die neue Form der Krise seit den Bankencrashs 2008/09 hat die populistischen Agitatoren vorübergehend sprachlos gemacht. Die Arbeitslosigkeit stieg trotz der Krise nur langsam, der Staat hat international erstaunlich schnell und effektiv mit Krisenhilfen reagiert. »*Crisis mongering*« der Populisten wurde ein bisschen hilflos, weil man plötzlich die verachteten politischen Eliten und den angeblich unfähigen Staat brauchte. Es gab weitere wichtige Anpassungen: seit der Islamismus als Kontrahent angesehen wurde, haben rechtspopulistische Parteien ihre a- oder gar anti-christliche Haltung revidiert. Am wenigsten wurde das beim »Front National« in Frankreich festgestellt, der das keltische Kreuz zum Symbol gemacht hat und lange neu-heidnische Motive von Alain de Benoist verarbeitete, deren Wurzeln schon im faschistoiden Vichy-System lagen. Nach 1945 wurden vor allem in protestantischen

Ländern im Rechtspopulismus liberale Elemente in die Programme eingebaut, wie vor allem Christian Joppke (2017: 6) hervorhob. Er ist ein deutscher Soziologe, der in Bern lehrt und sich selbst als einen »reaktionären Liberalen« bezeichnete, eine Neigung die seine Betonung liberaler Züge im Populismus vielleicht erklärt. Vor allem in der Schweiz wurden von der Schweizer Volkspartei Föderalismus und Freiheitlichkeit als liberale Elemente internalisiert. Durch den Islamismus wurde die Tendenz zur Förderung der Gleichheit der Geschlechter in der Gegnerschaft gegen die Burka auch von Rechtspopulisten in einigen Ländern vertreten.

4.5 Populismus und die Medien

Im Aufstiegsprozess der Populisten wird den Medien eine wachsende Bedeutung zugeschrieben. Journalisten sind des »Kopolitikertums« verdächtigt worden. Im Gegensatz zu den Politikern sind sie niemandem verantwortlich außer ihren Verlagshäusern oder Sendeanstalten. Nach einer Kritik (Meyer 2015: 169 ff.) droht die »*Mediokratie*« in einer marktkonformen Demokratie eine deformierte Form der Demokratie, die »*delegative Demokratie*«, zu fördern. Die politischen Journalisten werden aber nicht für die gesamte Entleerung der repräsentativen Demokratie verantwortlich gemacht. Sie tragen aber dazu bei, dass die passiven Zuschauer von Medienspektakeln zur Selbst-Exklusion neigen und sich nicht mehr partizipatorisch einbringen (Merkel 2015: 473 ff.). Zugleich stärken sie medien-orientiertes Verhalten bei Politikern, die den Populismus fördern. In den letzten Jahren tauchte die Frage auf, warum sogar der sonst so kritische und illusionslose deutsche Qualitätsjournalismus Angela Merkel ihre hanebüchene Schönfärberei und die »sedierend-populistische Erzählung« von der deutschen Idylle abgenommen hat (Meyer 2015:

175). Es gibt wenig Hinweise darauf, dass die Medien diese CDU-Mär wirklich geglaubt haben, aber sie waren von ihrer Wirksamkeit in der Öffentlichkeit beeindruckt. Diese gespaltene Haltung war von einer unauffälligen Form des Populismus durchsetzt.

Mit den Piraten zogen *digitale Verhaltensmuster* in die Parlamente ein. Gesetzgebung wird gleichsam als Computerspiel vorexerziert, wie unlängst beim Antrag des Kommunikationsberaters Jan Hemme, der vom Laptop ins Abgeordnetenhaus katapultiert worden ist und auf Anhieb mit großer Mehrheit angenommen wurde. Neologismen kursierten, wie »*Gamification*« (Becker/Rosenbach 2012: 26). Repräsentative und direkte Demokratie scheinen sich zunehmend in lockerer Weise im »*liquid feedback*« zu ergänzen. Die Gefahr, dass eine aktive Minderheit im Internet sich durchsetzt, da nur eine winzige Minderheit an den inszenierten Abstimmungen teilnimmt, bleibt jedoch ein Manko dieser »flüssigen Demokratie-Konzeption«. Noch fasziniert freilich die Möglichkeit, dass die Basisdemokratie im Digitalzeitalter optimiert werden kann: Vorschläge, Änderungsanträge, Abstimmungen – alles lässt sich in der *Liquid Democracy* in wenigen Stunden bürgernah inszenieren (Kurz 2012: 113). Dass ein Ergebnis der Inszenierung hochwertige Diskurse und kein Chaos sein werden, ist freilich noch nicht bewiesen. Private abstruse Behauptungen drohen neben gut recherchierten Enthüllungen zu stehen. Unbekannte können zum Objekt kollektiver Empörung werden und der Skandal droht sich ubiquitär auszubreiten (Pörksen/Detel 2012: 141). »Fünfminuten-Piraten«, die gerade erst zur Partei gestoßen sind, können die Diskussion usurpieren und die bisherigen Kandidaten für Parlamente mit ihren Versuchen, sie »zu grillen«, von ihrer Arbeit abschrecken. Es werden dabei weniger programmatische Inhalte als die bloße Methode des Mitredens und am »Computer mitmachen« gefördert. Mit herkömmlichen Rechts-Populisten haben die

Piraten gemein, dass es sich meist um Männer handelt, im Gegensatz zu den Rechtspopulisten jedoch um Männer mit einem höheren Bildungsniveau. Ähnlich wie bei den traditionellen Populisten stößt nur eine Minderheit wegen des Programms zur Partei, sondern aus Unzufriedenheit mit den traditionellen Parteien.

Populistische Verhaltensweisen haben inzwischen auch die etablierten Parteien erfasst, wie an Blair oder Schröder gezeigt werden kann. Charismatische Mediendemokratie förderte den populistischen Stil auch in der konventionellen Politik. Anlässlich des Parteitages der SPD im Juni 2017 hat Olaf Scholz sich zu einem »gewissen Populismus in der Rentenpolitik« bekannt (FAZ 25.6.2017: 30). Populisten bedienen sich zunehmend der Medienangebote zum »*infotainment*« – einer Mischung aus Information und Unterhaltung. Nach einer neueren Aufstellung der durchschnittlichen Zahl der täglichen Mails in einem Monat, stand die populistische AfD an erster Stelle, vor FDP und CSU (Fokus 23/2017: 28). Der Effekt dieser Medieneinsätze sollte freilich nicht überschätzt werden.

Die Berichte sind in der Regel ereignisorientiert. Hintergrundanalysen sind dagegen selten. Umstritten bleibt auch, wie weit man Möglichkeiten zur Selbstdarstellung gewähren soll. Vorurteile werden verbreitet aufgrund der Fixierung auf Prominenz der besprochenen populistischen Akteure und die Dramatik der Ereignisse, die sie hervorrufen. Zwischen Hypothesen und erwiesenen Tatsachen wird häufig nicht hinreichend unterschieden (Schultz 2016: 160). In schwach institutionalisierten Parteisystemen, wie in Polen, haben einzelne Medien, wie »Radio Maryja«, mit fremdenfeindlichen Thesen sogar 2006 die »Liga der polnischen Familien« (LPR) kräftig unterstützt. Ähnlich war der Aufstieg der ungarischen Jobbik (Bewegung für ein besseres Ungarn) 2010 von einigen Medien mitbedingt (Goodwin 2011: 3).

Die manipulierte öffentliche Meinung erweist sich als besonders instabil. An einem Tag rufen die Massen »Hosiannah« – an einem anderen zwar nicht »kreuziget ihn«, aber »weg mit ihm«. Auffallend sind die Ermüdungserscheinungen in der öffentlichen Aufmerksamkeit. Selbst Politiker, die sich wenig zu Schulden kommen ließen wie Stoiber in Bayern oder Teufel in Baden-Württemberg, konnten von mediokreren Parteigenossen gestürzt werden – nicht zu reden von den Fällen, in denen eine kleine Verfehlung hinzutrat, wie im Fall Lothar Späth. Die Wankelmütigkeit der öffentlichen Meinung haben mehr Populisten erfahren als normale Akteure, wie sich selbst an einstigen Führungsfiguren wie in Haiders FPÖ oder den Spaltungen der deutschen Republikaner unter Schönhuber zeigen lässt. Die AfD wurde 2017 von der Vorsitzenden Petry verlassen und es folgten andere mit dem Austritt.

4.6 Regierungsbeteiligung

Regierungsbeteiligung von rechtspopulistischen Gruppen scheint begünstigt durch die Tatsache, dass die etablierten Parteien ihre Programme kaum durchsetzen. Sie sind – wie Peter Mair einmal behauptete – zwar noch *responsible,* aber nicht mehr *responsive.* Es zeigt sich zudem, dass nicht jede Protestpartei auch populistisch ist (Müller 2016: 102). Es offenbarte sich etwa bei der FPÖ in der Regierungskoalition, dass sie Maßnahmen mittrug, die in eklatantem Widerspruch zu ihrer einstigen Meinung als Opposition standen (Geden 2006: 198). Unterschiedlich beurteilt wird die Einbindung der Populisten in konservative Regierungen. 2002 gab es einen Absturz der FPÖ von 27 % auf ca. 10 % und förderte die Legende, dass Regierungsbeteiligung von Populisten diesen schadet. Das wurde in der Schweiz durch die SVP, die 2003 stärkste Partei geworden ist, nicht bestätigt. Aber die SVP hat weniger große Veränderungen ihrer Positionen an der Macht vorgenommen als die FPÖ. Diese Abweichung von obiger Regel muss auch mit den Besonderheiten des Schweizer Systems interpretiert werden. Es gibt keinen Koalitionszwang wie in parlamentarischen Systemen. Die SVP konnte sich in der Regierung gelegentlich wie eine Oppositionspartei verhalten. Ihre Initiative zur Ausweisung von Einwanderern brachte ihr eher Vorteile. Sie verlor 2011 nur wenige Stimmen und blieb stärkste Schweizer Partei. Koalitionen dienten also nur gelegentlich der »Entzauberung der Populisten«.

Ein *Tolerierungsmodell* wurde als die schlechteste Strategie dargestellt, weil die Populisten Einfluss nehmen ohne zur Verantwortung gezogen werden zu können. Es gibt jedoch nach Meinung der Experten kein Rezept, wie man Populisten wieder loswerden kann. Als wichtigster Anreiz im Kampf gegen die Erstarkung der Populisten gilt die gründliche Argumentation gegen die allzu simplen Lösungen der Herausforderer. Dabei kann populistische Simplifizierung in der Propaganda sogar als *Frühwarnsystem* nützlich sein. Die Bürger haben ein Problem wahrgenommen und die etablieren Volksparteien können dieses glaubhaft erläutern (Grabow/Hartleb 2013: 40 ff.).

Die *Reaktion der etablierten Parteien der Mitte,* vor allem der Konservativen und der Christdemokraten auf Avancen durch populistische Gruppen sind schwer zu generalisieren. Vier Möglichkeiten scheint es zu geben, wie Karsten Grabow zum Teil durch persönliche Interviews herausfand (Grabow/Hartleb 2013: 399 ff.):

- *Distanzierung* von den Rechten durch eine Art »cordon sanitaire« (VP in der Schweiz, PO, Platforma Obywatelska in Polen, Konservative Folkeparti, KF in Dänemark seit Mitte 2011, Moderata Samlingspartiet in Schweden, KOK Finnland, Høyre in Norwegen).

- Übernahme einiger Ziele, um mit den Rechtspopulisten *in Konkurrenz zu treten* (Union pour un mouvement populaire, UMP in Frankreich).
- Akzeptanz durch *stille Unterstützung* durch die Populisten (CDA in den Niederlanden, KF in Dänemark bis 2011).
- *Formelle Koalitionen* mit den Populisten (ÖVP in Österreich 2000–2002).

Diese Optionen sind in den europäischen Ländern naturgemäß nicht einheitlich und sie wandelten sich auch nicht selten bei den gleichen Parteien. Die Distanzierung überwog lange, engere Kooperationen blieben selten. Die FPÖ sank nach zwei Jahren Regierungsbeteiligung von 27% der Stimmen auf ca. 10 Prozent, da sie ihre Wahlversprechen in der Koalition mit der ÖVP nicht einlösen konnte (Pelinka 2005: 98). Es kam die Vorstellung auf, dass Populisten am besten durch Regierungsbeteiligung entmystifiziert werden könnten – eine Meinung, die bei der SVP in der Schweiz durch die besonderen Bedingungen des Schweizer Regierungssystem und die radikalen Initiativen der Partei an der Macht nicht bestätigt werden konnte. Komplette Absonderung von den Populisten hat sich in Polen und Schweden gelohnt. In Dänemark und in der Schweiz hat der Versuch der Ausgrenzung sich hingegen nicht bezahlt gemacht. Die Anti-EU-Propaganda von Geert Wilders hat sich nicht in Wählerstimmen niedergeschlagen. Den Parteien der Mitte, vor allem den Christdemokraten, wird empfohlen, den negativen Kampagnen der Populisten ein positives Programm entgegenzusetzen (Grabow/Hartleb 2013: 406, 408). Insofern erscheinen die populistischen Kampagnen positiv, als sie ein Frühwarnsystem errichten. Der Protest in der Gesellschaft bleibt so innerhalb des Systems und führt zu neuen Lösungen.

2002 ist die Gruppe von Pim Fortuyn unerwartet auf 17% gewachsen und konnte für kurze Zeit eine Regierungspartei werden. Um 2007 wurden die populistischen Parteien als fixe Größe einkalkuliert. Entgegen den Erwartungen haben die populistischen Parteien die Loyalität ihrer Wähler über mehrere Wahlperioden erhalten können. Selbst die Ablösung von charismatischen Führern wie Jean Marie Le Pen, Fortuyn oder Glistrup hat die Parteien nicht in den Abgrund geführt (Goodwin 2011: 2). Dennoch wurde in der Literatur (Bauer 2010: 14 f.) die Regierungsbeteiligung populistischer Gruppen skeptisch beurteilt. Es werden unrealistische Versprechungen abgegeben und radikale Lösungen der Probleme propagiert. An der Macht ist beides kaum zu realisieren und führt zu einem Glaubwürdigkeitsproblem für Populisten. Erfolgreich können die rechten Populisten nur bleiben, wenn sie Regierungsbeteiligung und Opposition verbinden können. Dies ist am ehesten in föderalen Systemen wie in der Schweiz und in Österreich zu erreichen. Aber auch in nicht-föderalen skandinavischen Ländern ist die Verfestigung der Position von Populisten vielfach gelungen.

4.7 Szenarien des Niedergangs

Wo Populisten auf kommunaler Ebene wichtig wurden, haben sie nach einigen Jahren Stimmen verloren wie 2017 in Italien. Die Bewegung »Fünf Sterne« kam auf die hinteren Plätze. Gegenüber den Beschönigungen von Beppe Grillo, dem Chef der Gruppe, haben andere Politiker festgestellt, dass die populistische Gruppe die Erwartungen der Wähler nicht erfüllte (Bremer 2017: 3). Nicht nur etablierte Parteien, die in ein Tief gerieten wie die SPD und durch Schulz vorübergehend ein Hoch in den Umfragen schafften, haben unter übertriebenen Erwartungen gelitten. Je neuer und unstrukturierter eine Gruppe, umso mehr muss sie den Erfolg kontinuierlich halten. 2017 sollte das Jahr der europäischen Rechtspopulisten werden. Wilders gewann die Wahlen in den Niederlanden jedoch nicht, Le Pen wurde nicht französische Präsidentin und Frauke Petry schien entmachtet in ihrer Partei zu sein und schied aus der AfD aus. Nur die »Lega Nord« in Italien mit 15 % in den Umfragen hat sich gut gehalten. Als Gründe wurden genannt, dass der Parteiführer Salvini den Separatismus begrub, mit dem die Lega einst den Norden vom Rest Italiens abtrennen wollte und Italien heute stärker vor Globalisierung und der EU schützen will. Für Salvini ist Nord und Süd in Italien und rechts oder links zweitrangig geworden. Er will heute Italien von der EU abkoppeln und als »heiliges Territorium« verteidigen (Ladurner 2017: 9). Welches Ausmaß das »Abkoppeln« haben soll, und ob es Austritt aus der EU bedeutet, bleibt populistisch verschwommen.

Eine weitere Quelle des Niedergangs sind zunehmende *interne Konflikte* in populistischen Parteien. Frauke Petry erfuhr das, als sie für einen realpolitischen Kurs in der AfD warb. Der Versuch, Jens Maier aus der Partei auszuschließen, sollte sich rächen, weil dieser eine Kampagne gegen Petry startete und kritisierte, dass Petry Kontakte zu Pegida und anderen rechten Gruppen stets verwarf (Locke 2017: 4).

Erfolg oder Misserfolg werden nicht zuletzt durch die Harmonisierung der vier Kämpfe geschaffen, welche die NPD als »Kampf um die Köpfe, um die Straße, um die Parlamente und um den organisierten Willen« proklamierte (Schulze 2009: 92 ff.). Aber auch die Außenperspektive muss gesehen werden, weil sie die Werbemöglichkeiten von Rechtsextremisten und Populisten beschränkt. Die *Gefahr des Parteienverbots* führt vielfach zu verbalen Mäßigungen, die nicht notwendigerweise von den rechten Parteieliten und den Ansprechpartnern unter den Wählern entsprechen. Populisten wurden als »tendenziell antidemokratisch« eingestuft. Populisten an der Macht neigen zur Schädigung der Demokratie, falls sie nicht von ihren Alleinvertretungsansprüchen abrücken. Sie sollten aber trotzdem möglichst nicht verboten werden, solange sie nicht eindeutig Volksverhetzung betreiben (Müller 2016: 95 f.).

Es wurde die These vertreten, dass eine populistische Partei durch die *Mitregierung* am schnellsten entzaubert werden könne, wie die regional begrenzt wirkende »Schill-Partei« gezeigt hat, die an ihrer inneren Widersprüchlichkeit scheiterte, obwohl sie 2001 in der Bürgerschaftswahl noch gut profitierte. Der Vergleich Hartlebs (2004: 289) mit der PDS in Mecklenburg-Vorpommern oder Berlin bleibt trotz der Niederlagen dieser Partei schief, denn die PDS hatte eine gewisse Tradition und ein klarer identifizierbares Klientel. Der Niedergang durch Regierungsbeteiligung kam vielfach dadurch zustande, dass es einer populistischen Regierungspartei wie der FPÖ nicht gelang zu belegen, dass die Partei an der Macht nicht in das Gegenlager gewechselt sei (Geden 2006: 228).

In den 1990er Jahren schien es im internationalen Vergleich verwunderlich, dass die anscheinend so soliden skandinavischen Demokratien von populistischen Bewegungen erschüttert wurden. Aber im zweiten Jahrzehnt des 3. Jahrtausend zeigten sich *Erscheinungen des Niedergangs*. Die Dänische Volkspartei war ein Jahrzehnt Zünglein an der Waage in einer rechtsliberalen Minderheitsregierung und wurde seit 2011 in die Opposition verbannt. In allen vier skandinavischen Ländern stagnieren die Zustimmungsraten und die populistischen Parteien sind von Führungskämpfen zerrissen. Die »Schwedendemokraten« (seit 1988) oder die »Wahren Finnen« (seit 1995) sind in der Kritik wegen personeller Überschneidungen mit Rechtsextremisten (Balzter 2012: 10). Es zeigte sich seit den deutschen Republikanern, dass die vage Identitätsbildung populistischer Parteien für Zerfallserscheinungen noch weit anfälliger ist als die traditionellen Großparteien. Parteien bevorzugen die Kooperation mit selektiven Gruppen, vermeiden aber hoch spezialisierte populistische Gruppierungen. Daher wurde die Veränderungskraft neuer sozialer Bewegungen in den 1980er Jahren so stark überschätzt. Diese waren am erfolgreichsten, wenn sie die populistische Agitation begrenzten und die kompromissbereite Kooperation entwickelten, wie die Ökologen und Feministinnen gezeigt haben.

5 Populismus, Rechtsextremismus und Neo-Nationalismus

5.1 Abgrenzung von Populismus und Rechtsextremismus

Populismus muss von zwei anderen Bewegungen abgegrenzt werden:

- der Rechtspopulismus vom Konservatismus
- und der Populismus vom Rechtsextremismus.

Der Rechtspopulismus schätzt die institutionellen Regeln weit weniger als der Konservatismus und ist gegen intermediäre Institutionen, die das Verhältnis von Volk und Führung zu stören scheinen.

Das Problem dieser säuberlichen Abgrenzung erscheint, dass der neuere Neo-Konservatismus gegen den Aufstieg des Populismus einiges von ihm übernimmt, um den Niedergang der konservativen Partei aufzuhalten. Es schien für nicht wenige Betrachter beschönigend, etwa die AfD als rechtspopulistisch zu bezeichnen, und sie damit zu verharmlosen. Ein Problem solcher Klassifikationen scheint die Ausdifferen-

Tabelle 5.1 Unterschiede zwischen Rechtspopulismus und Konservatismus

Rechtspopulismus	Konservatismus
Flatterhaft, unberechenbar	stabil, feste Wertbasis
Anti-elitär	elitär
Geringschätzung der Institutionen	Hochschätzung der Institutionen
»wir« versus »die da«. Politisierung	»wir sitzen alle in einem Boot« (Integrierung)
Opportunismus	geistige Grundströmung

Quelle: Hartleb 2011: 23

ziertheit des Parteiensystems zu sein. Obenstehende Aufstellung gilt für die Unterschiede der beiden Bewegungen.

Die AfD steht »rechts außen« im deutschen Parteiensystem, verwandte Gruppierungen in anderen Ländern haben gelegentlich noch rechtere Bewegungen an ihrer Seite. In Deutschland ist durch den Niedergang der Piraten die Entlastung der AfD ein wenig verloren gegangen. In Parteiensystemen mit mittelmäßiger Zersplitterung kann eine Partei wie die AfD in einigen Jahren als Koalitionspartner in Frage kommen, falls sie konstruktive Politik-Angebote an die Stelle der pauschalen Kritiken setzt und damit als das kleinere Übel im Vergleich zu einer sich auf Dauer stellenden Großen Koalition erscheint. Systeme wie die Bundesrepublik stecken bei der Regierungsbildung in einem Dilemma: Große Koalitionen fördern alternative Populisten. Aber deren Erfolge drohen die großen Koalitionen zu stärken (Jesse 2016: 36 f.).

Ein wichtiger Unterschied von Populismus und Rechtsextremismus erscheint, dass letzterer starke Parteiorganisation mit einer Art »*demokratischem Zentralismus*« bevorzugt, während Populisten *Dezentralisierer* geblieben sind, wie die amerikanischen »Populists« oder die russischen »Narodniki«. Die russischen Narodniki waren einmalig in der Ablehnung der repräsentativ-parlamentarischen Verfassung, noch ehe das Land diese Verfassung erlangt hatte (vgl. v. Beyme 1965: 132 ff.). Nur gelegentlich sind die Unterschiede von Populismus und Rechtsextremismus in einigen Punkten gering, wie bei den Fortschrittsparteien in Skandinavien und auch bei der österreichischen FPÖ unter Haider (Decker 2006: 16). Faschistoide Slogans stehen manchmal neben neoliberalen Ansichten. Wo Rassismus ein wichtiges Kredo darstellt wie in George C. Wallaces Bewegung in den USA – mit dem Slogan *»segregation for ever«* – schien die Grenze zum Rechtsextremismus überschritten (Hartleb 2004: 54). Der Rechtsextremismus wurde gelegentlich als heimatlos dargestellt, weil er die bestehende Gesellschaft ablehnt und von dieser abgelehnt wurde (Botsch 2016: 72). Einige Autoren wollen daher vom Rechtsextremismus nur sprechen, wenn völkisches und nationalistisches Denken stark ausgeprägt sind. Der Rechtspopulismus hingegen ist keineswegs völlig heimatlos und hat sich in der Ära der Neodemokratie gelegentlich als unentbehrlich eingenistet.

Auch in den neuen Demokratien in Osteuropa sind die *Grenzen zwischen Populismus und Rechtsextremismus gelegentlich fließend,* wie in der ungarischen »Partei für Gerechtigkeit und Leben«, in der »Slowakischen Nationalpartei« und in der »Bewegung für eine demokratische Slowakei« (HZDS) in den 1990er Jahren, bei den tschechischen Republikanern oder der »Liga für polnische Familien«, die alle semi-autoritär, xenophobisch und rechtsextremistisch auftraten (Lang 2007: 128 f.).

Eine Grenze zum Rechtsextremismus erscheint der Glaube an die Notwendigkeit, *»das System«* abzuschaffen oder wenigstens radikal zu ändern. Rechtsextremisten nehmen es meist nicht so genau mit den Verfassungsregeln, die von den meisten populistischen Bewegungen, wenn auch grollend, akzeptiert werden. Der geforderte Wandel bei populistischen Bewegungen ist meist begrenzt: Minimalforderungen sind die Volkswahl des Staatsoberhaupts und die Einführung von Referenden, sowie Änderungen des repräsentativen Wahlrechts. Wo Populisten bereits einen volksgewählten Präsidenten haben, wie in Österreich, haben sie sich mit Haider (1994: 235) über die kostenreiche Duplizierung der Macht im Wettbewerb mit dem Bundeskanzler beschwert. Populistische Bewegungen treten in der nordatlantischen Welt selten revolutionär auf – im Gegensatz zur Dritten Welt. Sie üben Druck aus, um »das Establishment« zurück auf den »Pfad der demokratischen Tugend zu führen«. Populisten haben kaum je den Mythos des Proletariats und des notwendigen Klassenkampfes akzeptiert. Revolutionäre Marxisten haben sie daher – wie Lenin gegenüber den Narodniki in Russland – als »kleinbürgerlich« eingestuft. Mit ihnen kam ein Bündnis nur auf Zeit in Frage, wie dem zwischen Bolschewiki und den linken »Sozialrevolutionären«.

Drei Differenzen zwischen Rechtspopulismus und Rechtsextremismus schälten sich zunehmend heraus:

- Mit der Ausbreitung des Terrorismus in der ganzen Welt wurde zum Kriterium von Populisten, dass sie in der Regel *terroristische Akte als Mittel der Politik ablehnten.*
- Rechtsextremisten gerierten sich im Gegensatz zu den meisten Populisten als durchgehend *»anti-amerikanisch«* und *»anti-semitisch«* und meist auch als *»anti-islamistisch«*.
- Rechtsextremisten haben vielfach die *repräsentative Demokratie als Model ganz abgelehnt,* während die Rechtspopulisten meist nur bestimmte »demokratische Methoden« verworfen haben (Hartleb 2014: 177 ff.; Backes 2006: 232).

- Rechtsextremisten lehnten die *Europäische Union* meist mit großer Schärfe ab, während die meisten Populisten in dieser Frage vorsichtiger waren, auch wenn sie einem *Euroskeptizismus* anhingen. Die weiche Form des Euroskeptizismus war auf die Ablehnung bestimmter Elemente des europäischen Einigungsprozesses gerichtet. »*Europa ja – EU nein!*« wurde gelegentlich als Slogan lanciert. Populisten finden sich bei den Anti-Europäern unter den »*Revisionisten*«, die bestimmte Positionen und einzelne Policies ändern möchten, und den »*Minimalisten*«, die nur den Status quo akzeptieren, aber keine weitere Integration anstreben. Nicht das »ob« der europäischen Einigung steht zur Debatte, sondern das »wie« (vgl. die umfassende Klassifikation der Haltungen zur EU bei Hartleb 2014: 162 ff., 2015: 33). Rechtsextremisten bekämpfen die EU meist als »amerikanische Form der Integration«. Günstigstenfalls wird ein »*Europa der Regionen*« als Slogan entwickelt, der zum Regionalismus der Euroskeptiker passt.

Verallgemeinerungen erwiesen sich als problematisch, weil die neuen EU-Mitglieder in Osteuropa eine sehr viel härtere Haltung zeigten als die Westeuropäer, obwohl sie Europa so viel verdankten. In Osteuropa lebten Konflikte mit den Minderheitsgruppen wieder auf. Aber auch zentrale Länder Europas, wie Belgien, zeigten in neuerer Zeit keine vorbildliche Haltung im Verhältnis der ethnischen Gruppen. Euroskeptizismus ist gelegentlich als Exklusivmerkmal der rechtspopulistischen Parteien gedeutet worden. Auch diese Annahme ließ sich nicht halten, seit die postkommunistischen »linken Parteien« sich als Euroskeptiker profilierten. Eine neue Debatte wurde in der deutschen Politikwissenschaft eröffnet, als Wolfgang Streeck die Konfrontation von Kapitalismus und Demokratie in Europa angriff.

Nur noch eine Minderheit der Populisten kann mit dem

Rechtsextremismus identifiziert werden. Schon Martin Lipset hat in seinem Klassiker »Political Man« (1960) den »*Extremismus des Zentrums*« entdeckt. Sein Begriff von Extremismus war jedoch vorwiegend auf Länder der Dritten Welt gemünzt. Mit wachsender Europäisierung und Globalisierung hat sich dieser Populismus des Zentrums vielfach ausgebreitet. Verlierer von wirtschaftlichen Krisen denunzieren daher gern auswärtige Mächte wie die europäische Bürokratie in Brüssel oder die CIA in den Vereinigten Staaten als die letztlich Schuldigen.

Nach dem Zweiten Weltkrieg wurde eine Verbindung von liberaler Demokratie und einem gebändigten Kapitalismus als Erfolgsrezept von den wichtigsten Parteien von der rechten bis zur linken Mitte gepriesen. Diese Verbindung droht heute zu zerfallen (Assheuer 2016: 43). Schon in Erasmus von Rotterdams »Lob der Torheit« wurde die Torheit als Gegenbild gegen einen kalten Rationalismus als Erfolgsrezept gepriesen.

Die Benennung des neuen populistischen Rechtsextremismus schwankt. *Nationalismus oder Neonationalismus und Populismus* sind die häufigsten Bezeichnungen für die neuen Bewegungen, die rechts und links von der Mitte Furore machen. Aber es kursieren auch Begriffe wie *Faschisten, Autoritaristen, Reaktionäre, Rassisten, Rechtsradikale oder gar Nazis* in den Debatten. Die Benennung ist nicht unwichtig: einen Politiker, der sich als *National-Konservativer* bezeichnet, würde man einladen. Mit einem als *Salon-Faschisten* titulierten Akteur würde man weniger gern reden. Die Bezeichnungen sind vielfach aus politischen Kontroversen entstanden. So konnten in der Weimarer Zeit die Sozialdemokraten für die KPD zu »Sozialfaschisten« avancieren. »Populismus« ist der verbreitetste Begriff, aber zugleich auf Methoden der Selbstdarstellung beschränkt und wenig mit klaren Inhalten zu identifizieren. Wo der Begriff »*Faschismus*« leichtfertig eingesetzt wird, trifft er einige Methoden, aber überzeichnet die Ideologien und Ziele der populistischen Bewegungen. Der Terminus »*Autoritarismus*« erfasst wiederum Herrschaftsmethoden, nicht aber Ziele wie Rassismus und Nationalismus (Köckritz/Randow 2016: 7).

Der Populismus ist ein *besonderer Extremismus,* insofern er sich nicht frontal gegen die Demokratie als Idee wendet. Er gilt auch als Folge der Globalisierung. Blauäugige Prognostiker hatten aus der Globalisierung auf Ausbreitung der Demokratie gehofft. Einige Kritiker haben schon früh eher das Gegenteil befürchtet: eine Tendenz der Stärkung eines neuen Autoritarismus. Der Populismus operiert mit einer Unterscheidung von einem *gut gedachten Volk* und einer im Grunde *verkommen aufgefassten Elite.* Die Elite wird dabei als abgehobene Bürokratie eines großen Wohlfahrtsstaates mit multikultureller Gesinnung oder als neoliberaler Erfüllungsgehilfe der Finanzmärkte gedacht (Kaube 2016: 41).

Zur Entstehung von populistischen Parteien bedarf es jedoch mehr als diese beiden allgemeinen Faktoren. Günstig ist das Gefühl, dass im Parteiensystem keine effektive Opposition wirksam wird. Die Entideologisierung von Parteien – am krassesten zurzeit bei der SPD – begünstigt populistische Gruppierungen. Nicht wenige sozialdemokratische Stimmen fielen in letzten Wahlen in ganz Europa an populistische Bewegungen. Die Kritik an vielen Institutionen der Demokratie – oder wie Crouch glaubt, der Postdemokratie – ist gewachsen, aber nicht neu. Eine eher linkspopulistische Komponente waren die Folgen der Studentenrevolution und ihrer Wertäußerungen seit 1968. In Skandinavien begann der Populismus als Opposition gegen einen zu starken Steuerstaat schon in den 1970er Jahren. Notfalls ließen sich solche Tendenzen auf die frühe Neuzeit im Kampf von »Piazza« gegen »Palazzo« zurückführen (Jörke/Selk 2015: 488). Sehr lehrreich sind solche historischen Ableitungen nicht, weil heute Bewegungen mit dem modernen oder postmodernen Parteienstaat zusammenhängen.

Bei den etablierten Parteien war das Muster der Auseinandersetzung überwiegend die »*Moralisierung*« (Müller 2015). Darin treffen sich konservative Politiker der Unionsparteien mit bewegten Linken und engagierten Liberalen. Das wird mit Recht kritisiert, weil dieser Ansatz populistische Tendenzen eher stärkt als schwächt. Eine Gefahr der Moralisierung ist die Abqualifizierung abweichender Meinungen als illegitime Positionen, die verachtet werden können. Damit wird einer rationalen Auseinandersetzung aus dem Weg gegangen (Jörke/Selk 2015: 485 f., 489). Gefördert wird die moralisierende Auseinandersetzung jedoch durch »das Volk«, auf das die Populisten sich im Kontrast zu den Eliten oder »dem Establishment« gern berufen. Diese Haltung spiegelt das Erlebnis einer allmählichen Abwertung der eigenen Werte und Lebensweisen in der globalisierten Welt. Kritiker wie Rorty (1999) monierten seit der Studentenrevolte die Wendung zu einer »*kulturalistischen Identitätssuche*«, welche die ökonomische Depravation der früheren Mittelschichten zu kurz kommen lässt. Parteipolitische Folge dieser Entwicklung ist die Aushöhlung der früheren Koalition von Verbänden und Parteien, welche die Unterschichten vertreten mit den linken Parteien, etwa der Sozialdemokratie in Europa oder dem linken Flügel der amerikanischen Demokraten.

Die populistisch-autoritäre Welle, die Europa erfasst hat, schuf ein Novum: »*die illiberale Demokratie*« (Zakaria, 2008; v. Randow 2016: 3). Allgemeines Wahlrecht wurde populistisch aufgeladen. Es wurde zwar beibehalten, aber Bürgerfreiheit und Rechtsstaat wurden entkoppelt. In Europa haben die Visegrád-Staaten Polen, Ungarn, Tschechien und die Slowakei – einst Vorkämpfer der Liberalisierung und Demokratisierung im alten Ostblock – bereits eine Pressure Group für diese Form der *entsubstantialisierten Demokratie* gebildet und den

Einfluss der EU nationalistisch zu begrenzen versucht. Diese Tendenz verschiebt auch die Gewichte in der Weltpolitik. Putin wird plötzlich von amerikanischen und europäischen Populisten gelobt. Der Widerstand gegen Erdogans Autokratisierung wäre noch halbherziger, wenn die Türkei auch in den Augen der meisten Neopopulisten nicht als Bremse der Zuwanderungsbewegung gebraucht würde.

Die neoliberale Welle, die nach dem Zusammenbruch des Sowjetimperiums raschen Wohlstand zu versprechen schien, endete in Enttäuschungen bei Systemen mit hoher Arbeitslosigkeit der Jugend und Unfinanzierbarkeit des Sozialstaats (Ther 2014: 346 ff.). Russland wandte sich unter Putin einem neuen Staatskapitalismus zu – als Mischung zwischen einer ökonomischen Quasi-Marktwirtschaft und einem politischen Autoritarismus, der auf die Länder der eurasischen Union ausgedehnt werden soll und mit dem Ordo-Liberalismus verglichen wurde. Entschiedene einstige Anti-Sowjetbewegungen wie in Ungarn scheinen von Putins Modell angetan zu sein.

5.2 Nationalismus als Nährboden für Rechtsextremismus und Rechtspopulismus

Der Nationalismus bedurfte schon immer der Untergliederungen. In der Literatur zum *nation building* wurden seit Friedrich Meinckes Dichotomie von Staats- und Kulturnation vielfach zwischen zwei Formen des Nationalismus unterschieden:

- Der staatlich organisierte Nationalismus,
- und der *kulturelle Nationalismus* (Ther 2011: 24).

Beide konnten Formen des Populismus fördern. Die Debatte,

ob populistische Bewegungen als »rechtsradikal« oder als eine gemäßigte Form von Rechtsextremismus angesehen werden sollten, ist nicht verstummt. Traten die Neofaschisten nach dem Zweiten Weltkrieg nicht überwiegend auch populistisch auf? Das gilt freilich nicht für alle rechtsextremistischen Parteien. Die NPD wirkte wenig populistisch. Sie hat sich als »nationale Opposition« nicht auf Dauer erfolgreich gehalten (Botsch 2012: 140).

Unlängst haben linke Populisten die Gleichsetzung von Populismus und Rechtsextremismus erschwert, weil einige grüne Bewegungen und die Linkspartei in Deutschland zunehmend als populistisch klassifiziert worden sind. Populisten wie Haider (1994: 53, 57) haben sich gegen den Vorwurf des Faschismus immer verwahrt und Haider hat in dem Buch »Freiheit, die ich meine« den Populismus als Ehrenbezeichnung herausgestellt. Populismus war für ihn ein notwendiges Element der Demokratie, weil Populisten gegen die Kommandos vom Elfenbeinturm der politischen Klasse mit ihrer angeblichen »Verachtung des Volkes« kämpften.

In der zweiten Hälfte des 20. Jahrhundert haben Subnationalismen von Schottland bis Katalonien auch in Europa populistisch agiert, selbst wenn sie eher regionale Autonomie als nationale Souveränität für ihre Region anstrebten. Katalonien begann jedoch 2017 für die Loslösung von Spanien zu kämpfen. *Postmoderner Ethnopluralismus* ist ein gutes Beispiel für die Demokratisierung marginaler Gruppen in der Gesellschaft. Im Gegensatz zu traditionellem Rassismus und Nationalismus geht der Ethnopluralismus nicht von ethnischer oder rassischer Überlegenheit aus. Er kämpft nur gegen die Gefahr eines Verlustes der Identität der Gruppe im Zeitalter von Nivellierung und Globalisierung. Normalerweise sind keine expansionistischen Bestrebungen mit der Bewegung verbunden, außer wenn die konstruierte territoriale Basis der ethnischen Identität die gegenwärtigen Grenzen von Nationalstaaten und regionalen Untereinheiten überschreitet, wie im Fall der Basken (Frankreich), der Katalonier (Frankreich, Valencia, Balearen) und zunehmend auch der Kurden.

Identitätsverlust wird inzwischen jedoch auch von schwächeren Nationalstaaten befürchtet. Identitätspolitik richtet sich zunehmend gegen starke Einwanderungsbewegungen. Wie Le Pen es einmal formulierte: »Ich liebe Nordafrikaner, aber ihr Ort ist der Maghrib« (zit. Betz 1994: 183). Diese Entwicklung hat den Vorteil, dass Rechtspopulisten zu Verteidigern nicht nur der eigenen Kultur, sondern auch der Kulturen der Immigranten werden, wenn sie nicht gerade Kirchen in Moscheen verwandeln wollen.

5.3 Rechtsextremismus und Rechtspopulismus in Umfragen

Einmalig ist im Zeitalter des Populismus, dass einige Elemente – wie die Gegnerschaft gegen die EU – sich in der Rechten wie der Linken finden. In der Jugend spielt die extreme Rechte mit ihrer planvoll ausgestalteten Erlebniswelt bei fast 5 % der Jugendlichen von 15 Jahren eine Rolle, wie ein kriminologisches Forschungsinstitut in Niedersachsen im März 2009 feststellte (Braun u. a. 2009: 9, 15). Solche Umfragen wurden von empirischen Wissenschaftlern kritisiert, weil sie häufig wenig konkrete Fragen stellten, auf die auch sehr gemäßigte Bürger radikal zu antworten scheinen. Gewichtiger sind daher reale Zahlen über einen Anwuchs von 16 % von Delikten, die auf das Konto des Rechtsextremismus gehen. Bei der Einordnung von Akteuren in die extreme Rechte sollten daher nur verfestigte strukturelle Bindungen berücksichtigt werden, die auf Verbreitung rechtsextremistischer Ideen ausgerichtet sind. Der moderne Rechtsextremismus wurde vor allem in territorial begrenzten meist ländlichen und peripheren Gegenenden wie Vorpommern oder der sächsische Schweiz als wachsend empfunden (Edathy u. a. 2009: 71).

Eine neuere Bertelsmann-Studie (infratest dimap; Vehrkamp/Wratil 2017: 17 ff.) umfasste 1600 Wahlberechtigte in den Jahren 2015 bis 2017. Sie hatte den Nachteil, populistische Einstellungen nicht zu differenzieren. Die gute Nachricht war, dass 85 % sich zur Demokratie bekannten. Damit schwer vereinbar hielten Parteienforscher wie Oliver Treib in Münster, dass dann 29,2 % populistisch und 33,9 % teils-teils in dieser Frage votierten und nur 36,9 % sich klar als anti-populistisch bekannten (Herholz/Linnhoff 2017: 2). Nachteil dieser Befragung: die ideologische Verortung der populistisch eingestellten Wähler auf der Links-Rechts-Skala wurde nicht klar gemessen. Die Unionsparteien erscheinen am stärksten proeuropäisch und am wenigsten populistisch. Auch SPD-Wähler äußerten sich proeuropäisch und forderten soziale Gerechtigkeit. Im Unterschied zur Union war die SPD bei Populisten und Nichtpopulisten etwa gleich stark. Die Grünen waren proeuropäisch und flüchtlingsfreundlich eingestellt. Die Linke war moderat populistisch und für mehr Umverteilung. Eindeutig rechtspopulistisch und gegen die Flüchtlinge und Migranten war unter den wichtigeren Parteien nur die AfD.

6 Konklusion: Die neue normative Debatte über Demokratie und die Vorzüge und Fehlschläge des Populismus

6.1 Vorzüge des Populismus im Parteiensystem

Der Aufstieg des Populismus wird gelegentlich mit der »Dominanz der Gesinnungsethik« und die »Merkelisierung der Politik« erklärt, die angeblich zu einer Infantilisierung der Politik geführt hat (Sieferle 2017: 128 f.). Dagegen erschien der Anti-Populismus gelegentlich »hilflos«, weil er verkennt, dass politische Haltungen Produkt von Sozialisation sind (Jörke/Selk 2015: 496). Fehlsozialisationen können nicht durch phrasenhafte Demokratie-Bekenntnisse korrigiert werden. Moderne Demokratien müssen stärker planen, auch die irregulären Verhaltensweisen von Populisten stärker in die politische Erziehung einzubinden.

Inzwischen wurde der Populismus in der Wissenschaft sogar gelegentlich positiv bewertet, vor allem im Hinblick auf zwei Vorzüge:

- Er erwies sich manchmal als nützlich im Bereich des *Agenda-Settings* und in der Herausstellung neuer Themen, die bald von den etablierten Parteien übernommen wurden.

- Die *negativen Befürchtungen* hinsichtlich der ruinösen Wirkung der Populisten auf das System der repräsentativen Demokratie zeigten sich als übertrieben, außer in Osteuropa.

Die anfänglichen Verdikte gegen den Populismus wurden durch einige Erfahrungen gemildert:

- Der Populismus wurde von charismatischen Führern wie Poujade oder Le Pen in Frankreich organisiert. Aber schon Max Weber erkannte das Phänomen einer »*Veralltäglichung des Charismas*«. *Routinisierung* und Integration in den Prozess des Parlamentarismus haben populistische Bewegungen oft rasch desintegrieren lassen. In einigen Ländern trat eine »*Intellektualisierung*« der populistischen Führung ein und die Erosion der Folgebereitschaft wurde zur Konsequenz, weil »das Volk« der pauschalen Slogans bald müde wurde (Stöss 2000: 178). Ein Mangel an Professionalität der populistischen Führung erwies sich im parlamentarischen Alltagsgeschäft als nachteilig. Populistische Politikstile breiteten sich unter den alten Parteien aus und die kleineren populistischen Gruppen verloren ihren Anfangsvorteil. Diese Erfahrung hinderte engagierte Wissenschaftler wie Chantal Mouffe (2011: 5) nicht, eine stärkere *Emotionalisierung* vorzuschlagen. Die Politik des Konsenses in der gesellschaftlichen Mitte durch Annäherung der Linken an die Rechte, die Colin Crouch für das Abgleiten in die Postdemokratie verantwortlich machte, sollte wieder aufgegeben werden, weil sie zur Bedeutungslosigkeit der demokratischen Institutionen geführt habe. Dabei wird übersehen, dass diese Annäherung den Vorteil hat, dass die großen Parteien sich zur Abwehrstrategie zusammenschließen, falls ein Populismus in einen gefähr-

lichen Rechtsextremismus oder gar in Begünstigung terroristischer Aktionen abdriftet.
- Die *Routinisierung der Bewegungen* begann, je näher diese zur Teilhabe an der Macht rückten. Daher haben manche Populisten versucht, in der Opposition die Reinheit ihrer Grundüberzeugungen zu erhalten. Nichts erwies sich als kompromittierender als Kompromisse. Als Haider in Österreich und Gregor Gysi in Berlin an Regierungsentscheidungen mitwirkten, verloren sie ihre »Unschuld« und wurden für Fehler in der Politik verantwortlich gemacht.

Einmalig war der Fall Berlusconi, der in Italien in den frühen 1990er Jahren das ganze italienische Parteiensystem durcheinander wirbelte. Seine »zweite Republik Italien« erwies sich als noch korrupter als die erste, so lautstark Berlusconi auch die alte »*classe politica*« angegriffen hatte. Berlusconi wurde gestürzt und erlebte erstaunlicher Weise ein zweifaches Comeback, das er 2009 noch durch Fusion mit dem früher neofaschistischen Koalitionspartner krönte. Koalitionen sind immer instabil, populistische Koalitionen waren es noch weit mehr. Aber Berlusconi hat durch Arrondierung seiner Parteimacht die Lehren aus dieser Erfahrung gezogen. Berlusconis Sturz wurde auch zum Auftakt des Sturzes von Umberto Bossi, der allen Kabinetten des »Cavaliere« angehört hatte. Im April 2012 musste er die Führung der Lega Nord abgeben, weil er, der immer lauthals gegen Korruption gewettert hatte, selbst mehreren Korruptionsskandalen zum Opfer gefallen war. Für die Erhaltung der Demokratie auch bei populistischer Politik ist es tröstlich zu wissen, dass die »Saubermänner« meist nicht dauerhaft »sauber« bleiben.

Populistische Bewegungen versuchen »*elite-directing forms of politics*« gegen die traditionelle »*elite-directed form of politics*« zu setzen – zwei Begriffe die Inglehart (1990: 338) schon vor der populistischen Welle unterschied. In kleinen Schritten haben die Populisten von der »partizipatorischen Revolution« der 1970er und 1980er Jahre profitiert: keine totalisierenden Ideologien mehr, mittlere Reichweite in den Zielen, spezielle Fragen und eine Stärkung einzelner Kandidaten (Kaase 1984). Der Wandel der politischen Theorie konnte benutzt werden: Populisten beanspruchten, die »*Zivilgesellschaft*« *gegen die* »*politische Klasse*« zu repräsentieren. Aber das Konzept der Zivilgesellschaft musste darunter leiden, wenn es mit einer Partei identifiziert werden konnte. Einige Kritiker der Entwicklung (Latour 1995: 68, 188) haben schon unterstellt, dass moderne Verfassungssysteme die Opfer ihres Erfolgs geworden sind, daran zu Grunde zu gehen drohen. Die *mobilisatorische Revolution* – welche die Populisten kräftig ausnutzten – haben so viele hybride Repräsentationsformen geschaffen, dass die Verfassungsordnung sie kaum noch zusammen halten kann. Im Lichte einer postmodernen Normalisierung scheint mir dies als eine Übertreibung. Eine postmoderne Verfassungsordnung ist nicht in Sicht und schon gar nicht die Utopie einer »Wiedervereinigung von Natur und Gesellschaft«, wie einige ökologische Populisten gehofft hatten. Selbst ein normativer Denker wie Habermas (1992: 446), ein unermüdlicher Kämpfer für die »*deliberative Demokratie*«, sah gerade im Populismus die erste Gefahr für die Zivilgesellschaft, wenn traditionale Identitäten populistisch verfochten werden. Diese Gefahr ist heute größer als die Gefahren der klassischen Moderne mit ihren eschatologisch-revolutionären Transformationsideologien.

Ein umstrittener Theoretiker wie Thilo Sarrazin (2016: 20) hat den Populismus verteidigt, obwohl er sich selbst ständig als Rechtspopulist missverstanden fühlte. Populismus erklärte er als nichts Absonderliches, sondern als eine Zuspitzung des Politischen. Jede Politik sah er als Krypto-Schmittianer auf einem Freund-Feind-Schema beruhen. Die Gruppen arbeiten notwendiger Weise mit Vereinfachungen, weil sie sonst nicht kommunikationsfähig wären. Wähler setzen immer auf Vertrauen, weil ihnen die Sachkunde fehlt, bis das Vertrauen in die Eliten in Krisenzeiten verloren geht. Krisen gab es immer, und somit auch populistische Bewegungen seit den Narodniki in Russland und den Populisten in den USA im 19. Jahrhundert. Die gegenwärtige Krise ist Folge der Massenimmigration und des Exports von Arbeitsplätzen durch wirtschaftliche Globalisierung. Absurd wird diese Deduktion, wenn Einwanderung nur dann als positiv gelten soll, wenn die Einwanderer im Durchschnitt qualifizierter sind als die aufnehmende Bevölkerung. Eher das Gegenteil ist plausibel, denn in dem Fall, den Sarrazin konstruierte, würden sich weit mehr *Mittelschichtler* diskriminiert fühlen, während in der gegenwärtigen Krise von vielen Analytikern mit Recht angenommen wurde, dass die Gefährdung der Arbeitsplätze von weniger qualifizierten Arbeitern und *Unterschichtlern* zur Ausbreitung populistischer Bewegungen führte. Vergleichende Analysen (Atkinson 2016: 36) haben leider festgestellt, dass trotz aller guter Absichten – wir würden hinzufügen der Populisten und der etablierten Parteien, die durch Erfolge den Populismus einschränken möchten – der Fortschritt in der Armutsbekämpfung nur gering ist.

6.2 Folgen der Globalisierung

Die Globalisierung hatte weltweit zwei Auswirkungen:

- Die Wirtschaftsleistung steigt an,
- der Bedarf an wenig qualifizierten Arbeitskräften nimmt ab.

Tendenziell führte das zu einer höheren Ungleichheit der Löhne. Ein Ausweg wird von Wirtschaftsexperten (Fratzscher 2016: 124, 128) in der Anpassung der Qualifikationen in einer flexiblen Volkswirtschaft gesehen. Wichtig ist die Wirtschaftspolitik der einzelnen Länder, wenn es ihr gelingt, die Verlierer des Globalisierungsprozesses umzuorientieren oder wenigstens die Verluste der Betroffenen zu kompensieren.

Deutschland hat lange seine Marktwirtschaft ideologisch zu stark verklärt, weil die Globalisierungskrisen zeigen, dass den Bürgern nur eine begrenzte Sicherheit geboten wird. Die Umverteilung durch den Staat gilt als ineffizient, weil Wohlhabende häufig andere Wohlhabende unterstützen, aber zu wenig die Ärmsten. Die Höhe des Einkommens wird statistisch nicht durch Fleiß und Einsatz, sondern durch Einkommen und Bildungsstand der Eltern bestimmt (Fratzscher 2016: 242). Das Vermögen der meisten Deutschen ist geringer als in vielen europäischen Ländern. Das Bildungssystem müsste stärker auf Chancengleichheit ausgerichtet werden. Zugleich hat der gleiche Autor (Fratzscher 2014: 233) Deutschland in Europa eine Führungsrolle zugedacht – als Konjunkturlokomotive und als Verteidigerin der gemeinsamen Regeln in der Europäischen Union.

Micha Brumlik (2017: 3 ff.) sprach hinsichtlich des Populismus von einer »*identitären Bewegung*«, die auf ein Projekt der autoritären Staatlichkeit gegen Multikulturalismus, Islam und Einwanderung zusteuert. Sein Gegenkonzept war ein »*europäischer Keynesianismus*«, obwohl gerade dieser von vielen Kritikern ebenfalls als Globalisierung-nah eingestuft worden ist. Pauschale Gegentheorien sind theoretisch selten sinnvoll und praktisch nicht umsetzbar, außer dass der Appell an die Zivilgesellschaft in keinem Fall etwas schadet. Gezielte einzelne Handlungen erscheinen jedoch sinnvoller als reine Theorie-Debatten.

6.3 Handlungsempfehlungen für die Parteien

Für die Volksparteien wurden mehrere Handlungsempfehlungen ausgegeben:

- glaubwürdige und verständliche Erklärung komplexer Zusammenhänge,
- Werbung für die Europäische Integration,
- Entzauberung der Leerformeln von populistischen Gruppen,
- Bekämpfung der sozialen Exklusion und der Kriminalität,
- konsequente Anwendung der Einwanderungsregulierung und
- Klarmachung der Erfolge von Stabilisierungspolitik (Grabow/Hartleb 2013; 6).

Seltsamerweise bleibt das Votum für Einwanderungsregelungen unspezifisch. Im Grunde müssten die etablierten Volksparteien für ein *Einwanderungsgesetz* kämpfen. Auch die SPD hat in der Großen Koalition diese Möglichkeit versäumt. Man vermutet, dass ein Einwanderungsgesetz, welches Deutschland zum Einwanderungsland erklärt, vorübergehend den Rechtspopulisten weitere Stimmen zuführen würde. Dagegen müsste klargemacht werden, dass ein Einwanderungsgesetz wie in Australien oder Kanada die Selektion nützlicher Einwanderer ermöglicht und den Zustrom von angeblich Verfolgten in ihren Ländern kanalisieren könnte. Es spricht sich herum, dass nicht die Ärmsten einzuwandern versuchen, die den Schleusern schwerlich einige Tausend Euro für ihre illegale Tätigkeit mitbringen können. Noch schwerer erscheint die *Werbung für die Europäische Union*. Geert Wilders bezeichnete die hohen Bezüge der EU-Kommissare als »ordinäre Völlerei«.

Neue soziale Bewegungen waren am erfolgreichsten, wenn

sie die populistische Agitation begrenzten und die kompromissbereite Kooperation entwickelten, wie die Ökologen versuchten, die »*Zivilgesellschaft*« gegen die »*politische Klasse*« zu repräsentieren. Aber das Konzept der Zivilgesellschaft müsste darunter leiden, wenn es mit einer Partei identifiziert werden könnte. Optimismus verbreitete gelegentlich die Integration von Führungskräften wie Joschka Fischer in die parlamentarische Demokratie, die einst »extremistisch« aufgetreten waren (Kailitz 2004: 226). In der Bemühung solcher demokratischer Erfolgs-Stories darf jedoch nicht verschwiegen werden, dass *linksextremistische Populisten* meist mehr demokratische Werte akzeptiert haben und daher leichter als Rechtsextremisten in die normale politische Prozedur eingebracht werden konnten. Sind solche Erfolgsgeschichten eher negativ zu betrachten? Einige Kritiker der Entwicklung (Latour 1995: 68, 188) haben schon unterstellt, dass moderne Verfassungssysteme Opfer ihres Erfolgs geworden sind und daran zu Grunde zu gehen drohen. Aber trotz der pausenlos verbreiteten Szenarien über die »*Krise der Demokratie*« lässt sich kein goldenes Zeitalter der Demokratie ausmachen. Die formierte Gesellschaft der Ära Adenauer, die Schweiz, partiell noch ohne Frauenwahlrecht, die illiberal-korrupte Demokratie der »Ära de Gasperi« in Italien und die Zeit der Rassenkonflikte in den USA vor Kennedy waren schwerlich das goldene Zeitalter einer krisenlosen Demokratie (vgl. Merkel 2011: 445).

Solche Vergleiche dürfen aber nicht suggerieren, dass die Krisensymptome im Wandel der Demokratien nicht ernst genommen werden sollten. Die »mobilisatorische Revolution« – welche die Populisten kräftig ausnutzen – haben nach einer Ansicht so viele *hybride Repräsentationsformen* geschaffen, dass die Verfassungsordnung sie kaum noch zusammen halten kann. Im Lichte einer postmodernen Normalisierung scheint mir dies als eine Übertreibung. Eine postmoderne Verfassungsordnung ist nicht in Sicht und schon gar nicht die Utopie einer »Wiedervereinigung von Natur und Gesellschaft«, wie einige ökologische Populisten gehofft hatten. Selbst ein normativer Denker wie Habermas (1992: 446), ein unermüdlicher Kämpfer für die »*deliberative Demokratie*«, sah gerade im Populismus die erste Gefahr für die Zivilgesellschaft, wenn traditionale Identitäten populistisch verfochten werden. Diese Gefahr ist heute größer als einst die Bedrohungen der klassischen Moderne mit ihren eschatologisch-revolutionären Transformationsideologien. Nicht die Art der Identität scheint mir in einer Demokratie problematisch, sondern die Art und Weise, in der für sie gekämpft wird. *Ziviler Ungehorsam* gilt als populistische Tugend (Möllers 2009: 80). Ein »demokratisches Laster« ist dieser Ungehorsam nicht, vor allem nicht, je mehr die Gegenmacht im System autoritäre Züge annimmt. Widerstand kann der demokratischen Willensbildung dienen, wie schon Rawls (1971: 319 ff.) bekannte.

6.4 Rechtspopulismus statt einer Gefahr für das demokratische System ein Ansatz für eine Neodemokratie?

Populistische Bewegungen können doppelte Folgen erzeugen: es kann die »*Demokratie-Müdigkeit*« verstärkt werden. Diese entsteht durch angeblich mangelnde Konflikte in der öffentlichen Sphäre. »Es gibt keine Alternative« wurde vor allem der Kanzlerin Merkel zugeschrieben. Diese Beruhigungssentenz droht die Passivität der Bürger zu fördern (Panreck 2016: 1, 28). Aber es kann auch durch neues Agenda-Setting eine verstärkte Partizipation ermuntert werden. Rechtspopulistische Parteien sind nach der Prognose etablierter Forscher (Grabow/Hartleb 2013: 38) im Wachsen begriffen. Dennoch wurde der Populismus in den westeuropäischen Systemen – im Gegensatz zu Osteuropa – bisher nirgends eine systembedrohende Gefahr. In den 1980er Jahren traten neue Populisten noch verbal als Systemveränderer auf, in den 1990er Jahren war die Veränderung rhetorisch verkommen wie Berlusconi mit seiner »*Zweiten Republik*« in Italien und Haider (1994: 201, 239) mit seiner »*Dritten Republik*« in Österreich zeigten, die diese Politiker proklamiert hatten. Kaczyński hatte das Ende der »*Vierten Republik*« in Polen deklariert. Die revolutionäre Phraseologie reduzierte sich bald auf einen »*Transformationsjargon*«. Transformiert wurden aber weniger die Systeme als die populistischen Bewegungen. Sie waren erfolgreich im Agenda-setting und in der öffentlichen Debatte. Aber in den meisten Ländern kamen sie nicht über 10 % der Wählerstimmen mit der Ausnahme der SVP, des »Front National« in Frankreich, der FPÖ in Österreich und der norwegischen »Fremskrittspartiet« und 2017 die AfD. Die Fluktuationen waren noch größer als bei den alten Parteien. In einigen Fällen gingen die Bewegungen unter wie Poujade in Frankreich. In anderen zeigte sich ein Mangel an Professionalität wie in Deutschen Landtagen, die zum raschen Niedergang von NPD oder Republikanern führten. Der Populismus wurde lange nicht einmal für die Europäische Integration zur Gefahr, wie die Fälle der Mitregierungen von Populisten in Dänemark, Italien, den Niederlanden und in Österreich zeigten. Seit dem Brexit 2016 lässt sich diese These aber nicht mehr ohne weiteres halten. Die Gegnerschaft gegen die europäischen Institutionen wurde zu einem Programmpunkt für viele populistische Parteien in der EU.

Postdemokratie-Thesen unterschätzten die *participatory revolution*, die quantitativ und qualitativ *unkonventionelle Formen der Beteiligung* begünstigten. Eine Vielzahl von *Mediationsverfahren* haben von Streitfällen der Hamburger Elbvertiefung oder der Schulstreit bis zur Aktion »Stuttgart 21« – in einer Stadt, die bisher kaum je durch anomische Partizipationsformen aufgefallen ist – haben diese Konflikte wieder in zivile Bahnen gelenkt, wenn sie aus dem Ruder zu laufen drohten. Nachteil dieser Verlagerung der Partizipation erscheint der Trend, dass die Unterschichten sich aus der Politik zurückziehen, während das frühere Bürgertum sich immer häufiger auch unkonventionell engagiert. Im Hamburger Schulstreit – bei dem eine schwarz-grüne Koalition eine sechsjährige Primarschule an die Stelle einer vierjährigen Grundschule treten lassen wollte – hat die Mehrheit am 18. Juli 2010 für den Status quo gestimmt. Die wohlhabenderen Stadtviertel partizipierten weit stärker als die Problemviertel (Jörke 2011: 14, 16). Die Flucht in Politikverdrossenheit oder Emotionalisierungsvorschläge à la Chantal Mouffe (2011: 5) scheinen dem normativen Gehalt der Demokratievorstellungen nicht gerecht zu werden, welche die neuen Formen des Protestes einbeziehen und nicht sofort als »populistisch« verketzern. Problem der neuen Medien: die Szene im Rechtspopulismus und Neofaschismus wird immer unübersichtlicher. Die NPD verliert an Mitgliedern, die neuen Gruppen und rechten *flashmobs* breiten sich aus und sind unüberschaubar geworden. Selbst in der Kleidung treten die Gruppen zunehmend neutraler auf, so dass man Neonazis und normale Populisten immer weniger unterscheiden kann. Für die Internet-Aktivitäten solcher Gruppen gilt das in noch größerem Maße.

Zwei Formen von einem »*inbuilt populism*« sind in der Literatur unterschieden worden:

(1) *Gemäßigte Populisten* – die häufig einer demokratischen Linken zuzuordnen sind – akzeptieren die repräsentative Demokratie und wollen sie stärken durch Inklusion von mehr Gruppen und Interessen in einer »*deliberativen Demokratie*«. Vielfach setzen sie auf mehr plebiszitäre Demokratie. Die Gemäßigten unter den neuen Linken wie Andreas Fisahn (2008) oder Thomas Wagner (2011: 131 f.) scheuen *Personalplebiszite* und konzentrieren ihre Reformbemühungen auf *Sachplebis-*

zite. Sie gehen nicht davon aus, dass diese im Resultat immer fortschrittlich ausfallen. Bei Einpunkt-Entscheidungen auf plebiszitärer Ebene wird vielfach die Heterogenität politischer Motivlagen deutlich. Sie können auch als machtstrategisches Kalkül der politischen Gegner der Linken missbraucht werden. Gleichwohl sind die gemäßigten Linken für einen Ausbau der plebiszitären Demokratie, wobei sie sich auch auf Sahra Wagenknecht (2011) berufen, wenn die direkte Demokratie nicht mit zu hochgesteckten Erwartungen überfrachtet wird.

(2) *Radikalere Populisten* fordern eine plebiszitäre Demokratie. Dezisionismus auf der Basis eines einheitlich gedachten Volkswillens soll »Deliberation« ersetzen. Den radikaleren Populisten wird vielfach eine Sehnsucht nach »*ein bisschen Diktatur*« unterstellt (Münkler 2010: 11), oder das, was Domenico Losurdo (2008: 73) »*Soft Bonapartismus*« nannte. Gelegentlich wurden auch schon eher Liberal-Konservative, wie Hans Herbert von Arnim, unter die »radikaldemokratische Demagogie der Rechtspopulisten« eingereiht, die sich rhetorisch auf die Seite der Unterdrückten stellen, im Kampf gegen ein »bankrottes Establishment« (Th. Wagner 2011: 58). Arnim (2008: 137) erinnerte allerdings an die Populisten nur insofern, als er »die Funktionäre innerhalb der Parteien« anklagte, »die mittels ihrer parasitären Netzwerke nicht nur die Allgemeinheit, sondern auch die Parteien selbst ausbeuten«. Seine Besessenheit in Fragen der Parteienfinanzierung hat ihn vielfach zu weitreichenden nahezu populistischen Schlüssen verführt, die aus dem Grundtenor seiner Schriften nicht herauszulesen wäre.

Nur die zweite Variante könnte eine potentielle Bedrohung für die Demokratie sein, die erste könnte sogar als Bereicherung des politischen Lebens dienen. »*Demokratie braucht Po-*

pulismus« wurde sogar einmal schon früh zu einer Schlagzeile in einer Tageszeitung (FAZ 2.12.2001: 13). Bei einem weiten Blick auf die Bewegungen der ganzen Welt, wie ihn einst schon Puhle (2003: 29, 43) einbrachte, ließen sich in der Dritten Welt große Modernisierungsleistungen von Populisten entdecken. In Europa schien die Einschränkung sinnvoller, dass sich der Populismus aufgrund der Fragmentierung der Parteienlandschaft schwer vermeiden lässt. Deutschland galt lange vergleichsweise wenig von populistischen Bewegungen im Bestand der Demokratie bedroht, wegen seiner protestantisch-etatistischen Staatsbezogenheit im Abstrakten und der NS-Vergangenheit im Konkreten. Aus diesen Traditionselementen resultierte eine starke Wohlfahrtsorientierung der beiden größten Volksparteien in der Bundesrepublik. Populistische Slogans sind den beiden großen Parteien, die zweimal zu einer »großen Koalition« zusammenfanden, aber inzwischen selbst nicht immer fremd. Ende des 20. Jahrhunderts kam es zunehmend zu einer Fragmentierung der Parteien. Der Dualismus von Christdemokratie und Sozialdemokratismus wurde aufgeweicht. Selbst die großen Koalitionen, wie sich bei der Landtagswahl 2016 in Mecklenburg-Vorpommern zeigte, kamen gelegentlich nur knapp auf die nötigen 50 % der Sitze im Landtag. Nicht die radikalsten Slogans populistischer Parteien erscheinen inzwischen als eine Bedrohung für die Demokratie, sondern das Wetteifern der etablierten Parteien um einen »*Populismus der Mitte*«. In Wahlkämpfen werden gerne unrealistische Steuersenkungen und Rentenerhöhungen versprochen, und »Sozialschmarotzer, kriminelle Ausländer, geldgierige Banker oder korrupte Politiker« als Sündenböcke vorgeführt. So hat man dem CDU-Politiker Roland Koch seinen Wahlsieg gegen Rot-Grün bei den Landtagswahlen 1999 in Hessen einer populistischen Unterschriftenkampagne gegen die doppelte Staatsbürgerschaft zugeschrieben (Seils 2010: 132, 177). Nicht die Rückkehr Weimarer Verhältnisse wird von Pessimisten befürchtet, sondern eine »*Berlusconisierung der deutschen Politik*«. Ein Theoretiker der Migration wie Nida-Rümelin (2017: 196) sah seit der Präsidentschaftskampagne 2016 in den USA eine Gefahr für die Demokratie aufgrund einer »*beispiellosen Verrohung der politischen Kommunikation*«. Neben der Fragmentierung der Parteiensysteme spielen zunehmend die Wandlungen der Politikstile durch die Übermacht der Medien eine Rolle. Es wurde bereits eine »globale konservative Revolution« befürchtet.

Gleichwohl müssen Analytiker sich vor pessimistischen Übertreibungen hüten, die in Westeuropa keine klare Tendenz anzeigen und allenfalls angesichts der Retrobewegung in der Demokratisierung Osteuropas angemessen erscheinen. Rechtspopulisten waren nur mäßig gefährlich, weil sie *letztlich apolitisch* blieben, soweit sie Kompromisse ablehnten. Populisten wollen für vorgegebene Ziele mobilisieren. Das Resultat war freilich vielfach *manipulierte Pseudopartizipation.* Sowie populistische Gruppierungen kompromissfähig wurden, sind sie im System integriert worden und verloren ihre Einmaligkeit. Dies geschah vor allem mit den ökologischen Gruppen in vielen europäischen Parteiensystemen. Die Piraten wurden vielfach mit den Grünen verglichen. Aber einmal haben sie kaum ein kohärentes Programm zu bieten, sondern nur eine Methode der Nachrichtenbeschaffung und -verbreitung, die andere Gruppen blitzschnell erlernen können. Zum anderen haben sie angesichts ihres Angriffs auf das geistige Eigentum der »Intelligencija«, die Intellektuellen fast geschlossen gegen sich.

Mein Optimismus könnte durch die Erfahrung mit defektiven Demokratien in Osteuropa einen Dämpfer erhalten. In neuen Demokratien sind Populisten gefährlicher als in alten, weil keine Tradition eines festgefügten Parteiensystems existiert, die Wählerfluktuation zu instabilen Parteiorganisationen beiträgt und ethnische Unterschiede in härtere Politik umgesetzt werden als im Westen (z. B. in der Slowakei, in Rumänien oder Serbien). Das »*institutional engineering*« ist in dieser Area bisher nicht zum Ende gekommen. Die Konsolidierungsforschung ist inzwischen bescheidener geworden. Defekte wurden selbst bei alten Demokratien des Westens zunehmend entdeckt. Der Ethno-Pluralismus wurde militanter – vom Baskenland bis nach Belgien oder Schottland.

Langfristig bin ich jedoch auch für die neuen EU-Mitglieder optimistisch:

- *EU-Werte formen die politischen Kulturen Osteuropas.* Der Euro-Skeptizismus übertrifft in einigen Parteieliten sogar die des Volkes, dass diese Parteien zu repräsentieren vorgeben, wie Umfragen immer wieder dokumentierten (Rupnik 2007: 168). Das Vertrauen in Europa ist in den Völkern Osteuropas zum Teil größer als das Vertrauen in die nationalen Regierungen dieser Länder. *Parteigruppierungen im europäischen Parlament* haben langfristig Einfluss auf osteuropäische Parteiensysteme.
- *Das richterliche Prüfungsrecht der Verfassungsgerichte* trägt zur Domestizierung und Integration der osteuropäischen Gruppen bei. Das einst amerikanische Prinzip des »*judicial review*« hat sich auch in Westeuropa zunehmend in den Ländern durchgesetzt, die keine voll ausgebildete Verfassungsgerichtsbarkeit kannten wie Frankreich im »Conseil Constitutionnel«. Die Systeme entwickelten sich im Osten eher in Richtung des »österreichisch-deutschen Modells« als in den Bahnen des Supreme Courts der Vereinigten Staaten (v. Beyme 2006).

Orbán hat in der neuen Verfassung Ungarns, die im April 2011 verabschiedet wurde, die Verfassungsinstitutionen an die Leine gelegt. Im Parlament wird eine Vierfünftel-Mehrheit benötigt, um ein Gesetz vom Verfassungsgericht überprüfen zu lassen. Das Ungarische Verfassungsgericht, das durch die ab Januar gültige Verfassung geschwächt wird, hat im Dezember 2011 schnell noch Teile des umstrittenen Mediengesetzes mit einem »Maulkorbparagraphen« für verfassungswidrig erklärt. Das Verfassungsgericht hat auch das umstrittene Kirchengesetz gekippt, nach dem die Zahl der anerkannten Religionsgemeinschaften drastisch reduziert werden sollte. Auch ein Gesetz, nachdem Untersuchungshäftlinge künftig fünf statt wie bisher zwei Tage ohne Zugang zu einem Anwalt festgehalten werden durften, wurde annulliert. Wichtig sind solche Schlappen autoritärer Regierungen vor Gericht, weil sie den Oppositionsparteien Auftrieb geben (Flückiger/Hubschmid 2011: 5). Der Fraktionschef der grünliberalen Oppositionspartei LNP, Andras Schiffer, hoffte auf ein Umdenken des Volkes, das sich in neuen Protestbewegungen schon ankündigte. Gleichwohl stellt der »Transformation Index« der Bertelsmann Stiftung (2012: 25, 108 f.) neben Ungarn auch in Mazedonien und der Slowakei, vor allem aber in den Nachfolgestaaten der Sowjetunion einen Niedergang der Rechtsstaatlichkeit und Gewaltenteilung fest.

- *Wirtschaftliche Einbrüche* haben in Europa den Elan eines nationalistischen Populismus, wie er in Ungarn entstand, gebrochen. 2010 hatte Orbán die Gespräche mit dem IWF abgebrochen. Großmäulig hatte erklärt: »Wenn der IWF kommt, werde ich gehen«. Rating-Agenturen wie Standard & Poor's und Moody's stuften Ungarn plötzlich auf »Ramschniveau« herab. Orbán musste die Hand suchen, die er zuvor geschlagen hatte. Er hat nicht damit gerechnet, dass Ungarn den IWF als Kreditgeber brauchen würde (Bota 2011: 9; Tenbrock 2012: 21).
- Auch für Osteuropa zeigte sich die Instabilität populistischer Bewegungen nach dem Diktum: »*Populism never lasts long – but it is somehow always around*« (Deegan-Krause 2007: 144). Die ältere behavioralistische Literatur,

etwa bei Hans-Dieter Klingemann, nannte den Populismus gelegentlich die »ganz normale Pathologie«. Inzwischen könnte man das Diktum in einen »ganz normalen populistischen Zeitgeist« ummünzen (Mudde 2004: 562). Der populistische Zeitgeist gebiert ständig neue Bewegungen. Die Wutbürger organisierten sich in der Bewegung »*Occupy*«. In Spanien, in den USA, im Frankfurter Bankenviertel wurde kampiert. Mit der *Piratenpartei* wurde eine neue basisdemokratisch-populistische Partei geboten, die auf Anhieb in Berlin in das Landesparlament einzog. Hatte Orbán in Ungarn mit populistischen und nationalistischen Parolen den Umbau seines Staates vorangetrieben, wurde er Ende 2011 von neuem populistischem Protest eingeholt. Im Dezember gingen Zigtausende auf die Straßen, so viele wie seit 1989 nicht. Die Demonstranten nannten ihre Bewegung »Solidarität« – in Anspielung an die polnische Solidarność (Bota 2011: 9) Einige europäische Intellektuelle und Politiker forderten seit Jahren, radikal-populistische Parteien wie die ungarische FIDESZ aus der Europäischen Volkspartei (EVP) auszuschließen. Aber vergleichsweise Rechte wie CSU-Politiker Manfred Weber hoffen, dass man Orbán mäßigen könnte, wenn man seine Partei in der SVP lässt (Mudde ZOiS, 2017: 5).

Die ersten Aufrufe »*Empört Euch*«, wie der von Stéphane Hessel (2011), der in einem Jahr elf Auflagen erlebte, blieben relativ vage in der Frage, wie der gute Empörungswille in konstruktive Politik umgesetzt werden könne. Aber die »*Generation Occupy*« formierte sich und ihr Sprecher Mike Davis hat in einer Neujahrsrede zum Jahreswechsel 2011/2012 die zehn Gebote der Revolte vorgelegt. Er plädierte für eine gute Organisation durch Anführer »auf Zeit«, für die Einbeziehung der Betroffenen in die Planungen für Reformen, für die Unterlaufung des Hangs der Medien zur Personalisierung, für

Toleranz gegenüber Splitterparteien, wenn diese nicht nur ihr eigenes Süppchen kochten und für die Benutzung der Sprache des Volkes (Davis 2011: 60). Die traditionellen Volksparteien verlieren an Mitgliedern und an Gestaltungskraft. Auch professionelle Politiker(innen) (Niehuis 2011: 180 ff.) plädierten für mehr Bescheidenheit der Volksparteien, weil in einer spezialisierten Welt die politische Omnipotenz nicht mehr glaubhaft wirkt. Die bewusste Öffnung der Parteien vor Ort zu sich selbst organisierenden Bürgern und zivilgesellschaftlichen Vereinigungen sollte nicht nur als Machtverlust, sondern auch als Machtgewinn betrachtet werden, da die Parteien sich als Transmissionsriemen zwischen Volk und politischer Repräsentation wieder ins Bewusstsein bringen können. Diese Einsicht kann freilich nicht bedeuten, dass alle Politik nach dem Modell Heiner Geissler bei »Stuttgart 21« gestaltet werden kann. Nur Probleme, die mit Ja oder Nein beantwortet werden können, eignen sich für diese Form der Basisdemokratie. Selbst die totale Transparenz, welche die Piratenpartei fordert, dürfte nicht für alle Willensbildungsprozesse anwendbar sein. Es ist auch keineswegs garantiert, dass neue aufrichtig demokratische Versionen des Populismus die Oberhand gewinnen. Es stimmt nicht eben optimistisch, dass Berlusconi, der sich als der »Jesus Christus der Politik« bezeichnet hatte, Mitte 2012 sein Comeback in der italienischen Politik ankündigte.

Einige Autoren (Weiß 2017: 263) befürchten eine weiterhin aufstrebende Linie der globalen konservativen Revolution nach dem Sieg der äußersten Rechten in den USA, der russisch-imperialen Restauration und des Islams. Gleichwohl ist ein Untergang der Demokratie in Europa und Nordamerika unwahrscheinlich, weil populistische Herausforderer dank ihrer vagen Programme und der wenig rationalen Beschäftigung mit sozialen Entwicklungen sich in der Regel als relativ *kurzlebige Phänomene* erweisen – nicht zuletzt, weil sie komplexe institutionelle Arrangements zu vermeiden suchen, die eine längerfristige Umorientierung erleichtern könnte (Taggart 2000: 102). Populisten, die vom Niedergang des traditionellen Rechts-Links-Schemas profitieren und bei der Europawahl 2014 Rekorde in der Stimmenzahl erzielten, sind gezwungen, sich in die Institutionen zu integrieren, wenn sie überdauern wollen, und sich – gegen ursprüngliche Intentionen – als Parteien zu konstituieren. Diese unterliegen auf die Dauer den Gesetzmäßigkeiten der repräsentativen Demokratie, selbst wenn sie anfangs stark auf direkte Demokratie gesetzt haben. Eine populistische Partei wie »Syriza« hat in Griechenland die einst dominierende sozialdemokratische »PASOK« ersetzt. »Podemos« in Spanien hat zwar die Sozialisten in der Wählergunst noch nicht überholen können, konnte aber das Parteiensystem vor allem auf lokaler Ebene im Kampf gegen die Korruption verändern (Müller 2016: 4). Denker der Linken (Camus 2006: 46) haben hingegen weniger optimistisch bedauert, dass die Linke sich von der einfachen Bevölkerung entfernt hat. Nur die Rückkehr zu einem Projekt, welches den Staat wieder in den Mittelpunkt öffentlichen Handelns stellt, könnte einen Wandel zugunsten der Demokratie herbeiführen. Eine erstaunliche Rückwendung zu traditionellen Vorstellungen! Aber dies bestätigt die Erfahrung, dass populistische Gruppen auf den Sinn-Märkten häufig auf traditionale Wissensbestände zurückgreifen. Die Programmatik rechtspopulistischer Parteien ist dabei jedoch selten konsistent.

Aber es gibt auch ganz andere Optionen. Ein modernisierter Rechtsextremismus hat gelegentlich die faschistische Parole »Führer, Volk und Vaterland« modernisiert und durch »Markt, Privatisierung sozialer Risiken und Deregulierung« ersetzt (Butterwegge 2006: 28 f.). Die aktuelle Gefahr ist der Versuch der Neuen Rechten, sich an die Spitze des Fortschritts zu setzen und neoliberale Vorstellungen mit einem traditionellen Autoritarismus zu verbinden. Am Ende könnte es geschehen, dass die demokratische Gegenmobilisierung in vielen europäischen Ländern den Niedergang rechtspopulistischer Parteien beschleunigt, wie nach den Wahlniederlagen in den Niederlanden und in Frankreich. Dann werden Publizisten auf der Suche nach schlagkräftigen Titeln vom »Ende des Populismus« reden, und das wird vermutlich ebenfalls voreilig sein. Nach den Republikanern kamen die Piraten und schließlich die AfD. Dass Deutschland relativ gut dasteht im Kampf gegen den Rechtspopulismus hat eine gewisse Tradition. Die Unionsparteien haben den Rechten immer wieder ihre Themen streitig gemacht, von der Frage nach einer Wiedervereinigung bis hin zu der Zuwanderung ausländischer Arbeitskräfte (Jaschke 2016: 118). Die vorsichtige Umorientierung der Kanzlerin Merkel in Fragen der Zuwanderung könnte ähnliche Wirkungen entfalten und die Rechten schwächen. Bei den Unionsparteien spielt in diesem Konkurrenzkampf eine Rolle, dass die CSU häufig vergleichsweise rechtere Positionen vertritt als die CDU und somit thematische Annäherungen zwischen »rechter Mitte« und »Rechter« vorbereiten kann.

Auch das Ende des Liberalismus wurde bereits prognostiziert, weil der *elitäre Liberalismus* nicht nur bei den Populisten zunehmend kritisiert wurde. Ob ihm freilich ein »bodenständiger Liberalismus« folgen wird (Goodhart 2015: 161 ff.), ist noch nicht nachweisbar. Der *Postliberalismus* soll jedoch eine verborgene Mehrheit umfassen und zwischen bodenständigen Liberalen und elitären Liberalisten einen Kompromiss organisieren. Diese Synthese erscheint vielversprechend, weil sie eine Wirtschaftspolitik der linken Mitte mit einer sozial-konservativen Weltsicht kombiniert. Postliberale Politik hätte nach dieser Konzeption wichtige Akzente in der Politik gesetzt, wie die Beschränkung der Ausweitung des Niedriglohnsektors, die Eindämmung der privaten Verschuldung, eine Beschränkung der Einwanderungen und die Ausdehnung des Wohnungsbaus. Inzwischen hat die Große Koalition in der Bundesrepublik in ihren letzten Amtsmonaten einiges davon begriffen, aber zu wenig, um eine neue Post- oder Neo-Bewegung zu deklarieren.

Auf der Suche nach *progressiven Gegenstrategien gegen den Populismus* wurden ein *cordon sanitaire,* d. h. harte Abgrenzung oder Umarmung im Gefühl einer *political correctness,* erörtert, die zeigt, dass man die Populisten ernst nimmt (Misik 2015: 167 ff.). Beide Möglichkeiten sind jedoch nur kurze Notfallstrategien. Die Wurzeln der populistischen Ressentiments können sie nicht bekämpfen. Dies kann allenfalls eine »*Politik der Anerkennung*«, wie sie Axel Honneth (1992) seit längerem propagierte und Zustimmung unter Populismus-Forschern fand. Gefragt ist eine radikale Politik, welche die Unzufriedenheit der Bürger eindämmt. Genau diese ist jedoch in europäischen Parteiensystemen immer schwerer durchzusetzen, solange die Propaganda populistischer Gruppierungen die Unzufriedenheit der unteren Sozialschichten weiter schürt, schon um ihre mangelnde politische Organisation im Repräsentationsbereich zu kompensieren. Meist wird jedoch um eine Politik der Anerkennung gekämpft, die den Bürgern wieder Vertrauen in das System gibt, damit dem »Rechtspopulismus dauerhaft das Wasser abgegraben« werden kann (Hillebrand 2015: 178). Mir scheint hingegen, dass eine differenzierte Anerkennung auch gegenüber Rechtspopulisten nötig ist, damit dem »Rechtsextremismus« das Wasser abgegraben wird.

Eine neuere Spiegel-Umfrage (Der Spiegel 31, 2017: 68) hat immerhin bei einem Drittel der Befragten (33 %) auf die Frage nach den Gründen für die Beteiligung an der Bundestagswahl die Antwort erhalten: »damit extreme Parteien nicht zu stark werden«. Diese Antwort rangierte noch vor der Antwort, dass man von einer Partei überzeugt sei, welche die eigenen Interessen vertritt (15 %). Erfreulich an diesem Befund ist die Tatsache, dass der Schutz des demokratischen Systems noch vor den eigenen politischen Interessen rangiert. Das könnte Hoffnungen fördern, dass ein »kosmopolitisches Governance Modell« (Nylander, 2017) mit reduziertem Machtkampf und verringerter Ungleichheit, Reduktion des Bevölkerungswachstums und der Kriminalität – inklusive des Terrorismus – auf die Dauer keine bloße Illusion bleibt.

Ein solcher Impetus ist freilich nicht wirklich in Sicht und wird sich vermutlich nicht aus friedlicher Einsicht bei den herkömmlichen politischen Akteuren einstellen. Schon vor der Wahl im September 2017 wurde darüber spekuliert, dass die Große Koalition wieder unvermeidlich werden dürfte. Sie erscheint Kritikern (Seidl 2017: 41) als institutioneller Ausdruck des »allgemeinen Dösens« in Deutschland mit einem »*Hang zur Konfliktscheu, Betulichkeit und Konformismus*«. In den Medien breitete sich Frustration über die deutschen Erfolge aus, die angeblich keine zukunftsträchtigen Züge aufweisen. Gegen »das Dösen«, wird neuerdings lautstark verkündet: »mit Rechten reden!« (Leo u. a. 2017), was für diesen Autor schon lange gilt.

In der Debatte um die Postdemokratie ist der Populismus zu lange von untergeordneter Bedeutung geblieben (v. Beyme 2011; Hartleb 2012). Gegen den *Passivismus in der etablierten Parteienlandschaft* ist ein Populismus – als Rechts- wie als Linkspopulismus – vielleicht von Vorteil, weil er *neue Bewegung in das System* bringt, ohne die Gefahr eines autoritären Rechtsextremismus zu verstärken. Das gilt freilich nur, solange er die Institutionen der repräsentativen Demokratie respektiert. Die Kontrolle darüber wird schwierig, weil die etablierten politischen Kräfte die Grenze zum Rechtsextremismus an unterschiedlichen Stellen vermuten werden.

Nötig ist jedoch, dass die traditionalen Parteien nicht in den populistischen Fehler einer übertriebenen *Abgrenzungssucht* verfallen. Den Rechtspopulisten wird vorgeworfen, alles *Neue abzulehnen*, aber sie regen gleichwohl so manches

Neue an, auch wenn es den anderen Parteien nicht immer gefällt. Damit muss sich das System auseinandersetzen. Vor allem muss bei der »*Angstmache*« einiger Rechtspopulisten gegengesteuert werden. »*Verschwörungstheorien*« werden bei Populisten der wissenschaftlichen Analyse vorgezogen. Selbst gegen sachliche Erforschung wird der angeblich Schuldige angegriffen. »Amerika« oder »Putin und die Russen« wurden dafür gerne missbraucht. Mit zunehmender Prosperität und Macht droht sogar der Bundesrepublik Deutschland eine solche Gefahr. »*Suche nach Aufmerksamkeit um jeden Preis*« wird den Rechtspopulisten vorgeworfen, aber diese Sucht ist nicht auf sie beschränkt, wie man neuerdings auch Präsident Macron in Frankreich vorwirft, nicht zu reden von Präsident Trump. *Populistische Techniken* sind angesichts der *Ent-Traditionalisierung* und Auflockerung der postmodernen Gesellschaft kaum zu vermeiden. Aber sie sollten in der Kooperation der Parteien nicht übertrieben werden. Die *Medien* machen jedoch vor allen Politikern nicht halt, insbesondere durch die verbreitete *Sucht des Twitterns,* wie sie Präsident Trump zum Exzess benutzt. Auch der *Einsatz von fake news* breitet sich in allen politischen Bewegungen aus. Hier haben die traditionellen politischen Bewegungen und Medien eine wichtige Aufklärungsfunktion. Populisten wird nachgesagt, dass sie nur ihre *eine Wahrheit* gelten lassen. Aber selbst der zurückhaltenden Angela Merkel nimmt man übel, wenn sie ihre Ansichten häufig für »alternativlos« deklarierte und jeden Einwand mit Sprüchen wie »wir schaffen das« niederwalzte.

Wir dürfen uns an Foucaults Erkenntnis erinnern, dass *jede Macht ihre Gegenmacht enthält.* Eine erodierende »*Postdemokratie*« sollte so mit neuen unorthodoxen Bewegungskräften in eine positiv zu bewertende »*Neodemokratie*« verwandelt werden, welche mit Rechtspopulisten kooperiert, sie aber in das rechtsstaatliche und politische Repräsentationssystem einzubetten hilft.

Literatur

Abromeit, John u. a. (Hrsg.): Transformations of Populisms in Europe and the Americas. London, Bloomsbury, 2016.
Ahr, Nadine u. a.: Die rechte Internationale. Die Zeit, Nr. 23, 25.5.2016: 13–15.
v. Alemann, Ulrich u. a.: Die Bürger sollen es richten. APuZ 44-45, 2011: 25–32.
Ali, Omar H.: The Lion's Mouth: Black Populism in the New South, 1886–1900. Jackson, University of Mississippi, 2010.
Arblaster, Anthony: Democracy. Concepts in Social Sciences. Open University Press, 1994.
v. Arnim, Hans Herbert: Fetter Bauch regiert nicht gern: Die politische Klasse – selbstbezogen und abgehoben. München, Kindler, 1997.
v. Arnim, Hans Herbert: Politik macht Geld: Das Schwarzgeld der Politiker – weißgewaschen. München, Droemer Knaur, 2001.
v. Arnim, Hans Herbert: Das System: Die Machenschaften der Macht. München, Droemer Knaur, 2001.
v. Arnim, Hans Herbert: Deutschlandakte. München, Bertelsmann, 2008.

Arzheimer, Kai: Die Wähler der extremen Rechten 1980–2002. Wiesbaden, VS Verlag für Sozialwissenschaften, 2008.

Assheuer, Thomas: Ein autoritäres Angebot. Die Zeit, Nr. 23, 25.5.2016: 43.

Atkinson, Anthony B.: Ungleichheit. Was wir dagegen tun können. Stuttgart, Klett-Cotta, 2016.

Backes, Uwe: Rechtsextremismus in westlichen Demokratien. Neue Politische Literatur, Beiheft 4, 1987: 71 ff.

Backes, Uwe/Jesse, Eckhard: Politischer Extremismus in der Bundesrepublik Deutschland. Köln, Verlag Wissenschaft und Politik, 1989.

Backes, Uwe: Politische Extreme. Eine Wort- und Begriffsgeschichte von der Antike bis in die Gegenwart. Göttingen, Vandenhoeck & Ruprecht, 2006.

Backes, Uwe/Moreau, Patrick (Hrsg.): The extreme right in Europe. Göttingen, Vandenhoeck & Ruprecht, 2012.

Balzter, Sebastian: Im Norden auf dem Rückzug. Die Populisten Skandinaviens verschleißen sich in parteiinternen Kämpfen. FAZ, 21.4.2012: 10.

Bathke, Peter/Spindler, Susanne (Hrsg.): Neoliberalismus und Rechtsextremismus in Europa. Berlin, Karl Dietz Verlag, 2006.

Bauer, Werner T.: Rechtspopulismus in Europa. Berlin, Friedrich Ebert Stiftung, 2010.

Becker, Sven/Rosenbach, Marcel: Das Computerspiel Politik. Der Spiegel, Nr. 14, 2012: 26–28.

Becker, Sven u.a.: Partei der Sehnsucht. Der Spiegel, Nr. 17, 2012: 26–38.

Bedock, Camille: Reforming Democracy: Institutional Engineering in Western Europe. Oxford Scholarship Online, Juni 2017.

Benoist, Alain de: Kulturrevolution von rechts. Krefeld, Sinus-Verlag, 1985.

Benoist, Alain de: Demokratie: Das Problem. Tübingen, Hohenrain, 1986.
Benoist, Alain de: Mein Leben. Wege eines Denkens. Berlin, Junge Freiheit, 2014.
Beste, Ralf u. a.: Das Gespenst der Politik. Der Spiegel, Nr. 10, 2011: 20–26.
Betz, Hans-Georg: Radical Right-Wing Populism in Western Europe. Houndsmill, Macmillan, 1994.
v. Beyme, Klaus: Politische Soziologie im zaristischen Rußland. Wiesbaden, Harrassowitz, 1965.
v. Beyme, Klaus: Right-Wing Extremism in Post-War Europe. Westeuropean Politics, 1988: 1–18.
v. Beyme, Klaus (Hrsg.): Rightwing Extremism in Western Europe. London, Frank Cass, 1988.
v. Beyme, Klaus: Rechtsextremismus in Osteuropa. In: J. W. Falter u. a. (Hrsg.): Rechtsextremismus. Opladen, Westdeutscher Verlag, 1996: 423–442.
v. Beyme, Klaus: Parteien im Wandel. Von den Volksparteien zu den professionalisierten Wählerparteien. Opladen, Westdeutscher Verlag, 2000, 2002.
v. Beyme, Klaus: Modell für neue Demokratien? Die Vorbildrolle des Bundesverfassungsgerichts. In: Robert Chr. van Oeyen/Martin H. W. Möllers (Hrsg.): Das Bundesverfassungsgericht im politischen System. Wiesbaden, VS Verlag für Sozialwissenschaften, 2006: 516–531.
v. Beyme, Klaus: Föderalismus und regionales Bewusstsein. Ein internationaler Vergleich. München, Beck, 2007.
v. Beyme, Klaus: Representative Democracy and the Populist Temptation. In: S. Alonso Keane/W. Merkel (Hrsg.): The Future of Representative Democracy. Cambridge, Cambridge University Press, 2011: 50–73.
Betz, Hans-Georg: Radical Right-Wing Populism in Western Europe. Houndsmills, Macmillan, 1994.

Böhm, Michael: Alain de Benoist. Denker der Nouvelle Droite. Schnellroda, Edition Antaios, 2008.

Bobbio, Norberto: Rechts und Links. Gründe und Bedeutungen einer politischen Unterscheidung. Berlin, Wagenbach, 1994.

Böhnke, Petra: Ungleiche Verteilung politischer und zivilgesellschaftlicher Partizipation. APuZ, H. 1-2, 2011: 18–25.

Bos, Ellen/Segert, Dieter (Hrsg.): Osteuropäische Demokratien als Trendsetter? Opladen, Westdeutscher Verlag, 2008.

Bota, Alice: Herr Orbán bekommt ein Problem. Ungarn schlittert in die Finanzkrise – und plötzlich wächst der demokratische Protest gegen den Premierminister. Die Zeit, 29. Dez. 2011: 9.

Botsch, Gideon: Die extreme Rechte in der Bundesrepublik Deutschland. 1949 bis heute. Darmstadt, Wissenschaftliche Buchgesellschafts, 2012.

Botsch, Gideon: »Nationale Opposition« in der demokratischen Gesellschaft. Zur Geschichte der extremen Rechten in der Bundesrepublik Deutschland. In: Fabian Virchow u. a. (Hrsg.): Handbuch Rechtsextremismus. Wiesbaden, Springer VS, 2016: 43–82.

Braun, Stephan u. a. (Hrsg.): Strategien der extremen Rechten. Wiesbaden, VS Verlag für Sozialwissenschaften, 2009, 2. Aufl. 2015.

Bremer, Jörg: Die Sterne sinken. Warum die Populisten in den Kommunen verloren. FAZ 13. 6. 2017: 3.

Brettschneider, Frank: Kommunikation und Meinungsbildung bei Großprojekten. APuZ, 44-45, 2011: 40–47.

Brobst, Marc: Eine Machtprobe. Der Präsident klammert sich an sein Amt, die Medien klammern sich an das Thema. Die Affaire Wulff wird zur Posse. Die Zeit, Nr. 3, 12.1. 2012: 1.

Brost, Marc u. a.: Populismus hilft. Die Zeit, Nr. 51, 8. 12. 2016: 3.
Brumlik, Micha: Zur Aktualität der identitären Ideologie. Die Vordenker einer neuen rechten Internationale. Böll-Brief. Demokratiereform. Heinrich Böll-Stiftung, 2. April 2017.
Büttner, Hans-Peter: Die Extremisten, der Staat und die gute »Mitte der Gesellschaft«. Eine Kritik der Grundlagen der »Extremismus«-Theorie. Kritiknetz: Zeitschrift für Kritische Theorie der Gesellschaft, 2015: 1–26.
Bundschuh, Stephan: Die braune Seite der Zivilgesellschaft: Rechtsextreme Sozialraumstrategien. APuZG 62, B 18/19: 28–33.
Bútora, Martin et al. (Hrsg.): Democracy and Populism in Central Europe. Bratislava, Institute for Public Affairs, 2007.
Butterwegge, Christoph: Rechtsextremismus, Rassismus und Gewalt. Erklärungsmodelle in der Diskussion. Darmstadt, Wissenschaftliche Buchgesellschaft, 1996.
Butterwegge, Christoph u. a.: Rechtsextremisten in Parlamenten. Opladen, Leske & Budrich, 1997.
Butterwegge, Christoph u. a.: Themen der Rechten – Themen der Mitte. Zuwanderung, demografischer Wandel und Nationalbewusstsein. Opladen, Leske & Budrich, 2002.
Butterwegge, Christoph: Rechtsextremismus. Freiburg, Herder, 2002.
Butterwegge, Christoph/Häusler, Alexander: Rechtsextremismus, Rassismus und Nationalismus: Randprobleme oder Phänomene der Mitte? In: Butterwegge, Christoph u. a.: Themen der Rechten – Themen der Mitte. Zuwanderung, demografischer Wandel und Nationalbewusstsein. Opladen, Leske & Budrich, 2002: 217–266.

Butterwegge, Christoph/Hentges, Gudrun (Hrsg.): Zuwanderung im Zeichen der Globalisierung. Wiesbaden, VS Verlag für Sozialwissenschaften, 2006, 3. Aufl.

Butterwegge, Christoph: Globalisierung, Neoliberalismus und Rechtsextremismus. In: Peter Bathke/Susanne Spindler (Hrsg.): Neoliberalismus und Rechtsextremismus in Europa. Berlin, Dietz Verlag, 2006: 15–47.

Camus, Jean-Yves: Die europäische extreme Rechte: ein populistisches und ultraliberales Projekt. In: Peter Bathke/Susanne Spindler (Hrsg.): Neoliberalismus und Rechtsextremismus in Europa. Berlin, Dietz Verlag, 2006: 22 f.

Canovan, Margaret: Two Strategies for the Study of Populism. Political Studies, H. 4, 2006: 544–552.

Chjanovan, Margaret: Populism for Political Theorists? Journal of Political Ideologies, Jg. 9, H. 3, 2004: 241–252.

Chryssogelos, Angelos-Stylianos: Old Ghosts in New Sheets: European Populist Parties and Foreign Policy. Brüssel, Centre for European Studies, 2011.

Crouch, Colin: Post-Democracy. Cambridge, Polity Press, 2005.

Crouch, Colin: Postdemokratie. Frankfurt, Suhrkamp, 2008.

Dausend, Peter: Echte Patrioten. Es wäre leicht für die SPD, die Krise populistisch auszuschlachten. Aber sie tut es nicht. Lob auf eine Partei der Vernunft. Die Zeit, Nr. 49, 2011: 10.

Davis, Mike: 10 Gebote für die Revolte. Die Zeit 29. Dez. 2011: 60.

Decker, Frank: Der neue Rechtspopulismus. Opladen, Leske & Budrich, 2004, 2. Aufl.

Decker, Frank (Hrsg.): Populismus. Gefahr für die Demokratie oder nützliches Korrektiv? Wiesbaden, VS Verlag für Sozialwissenschaften, 2006.

Decker, Frank: Die »Alternative für Deutschland« aus der vergleichenden Sicht der Parteienforschung. In: Alexander Häusler (Hrsg.): Die Alternative für Deutschland. Wiesbaden, Springer VS, 2016: 7–23.

Decker, Frank/Lewandowsky, Marcel: Rechtspopulismus in Europa: Erscheinungsformen, Ursachen und Gegenstrategien. In: Zeitschrift für Politik (ZfP), 1, 2017: 21–38.

Deegan-Krause, Kevin: Populism and the Logic of Party Rotation in Postcommunist Europe. In: Martin Bútora et al. (Eds.): Democracy and Populism in Central Europe. Bratislava, Institute for Public Affairs, 2007: 141–159.

De la Torre, Carlos: The Promise and Perils of Populism. University Press of Kentucky, 2015.

Diehl, Paula: Populismus, Antipolitik, Politainment. Berliner Debatte Initial 22, 2011: 27–38.

Diehl, Paula: Populismus und Massenmedien. Aus Politik und Zeitgeschichte 2012: 16–22.

DiLorenzo, Giovanni: Die richtige Quote. Die Zeit, Nr. 10, 2012: 1.

Donovan, Jack: Der Weg der Männer. Schnellroda, Antaios, 2016.

Dubiel, Helmut (Hrsg.): Populismus und Aufklärung. Frankfurt, Suhrkamp, 1986.

Dugin, Alexander: Vosmozhnosti russkoj filosofii. Moskau, 2011.

Dugin, Alexander: Die Vierte Politische Theorie. London, Arktos, 2013.

Dugin, Alexander: Euroasian Mission. An Introduction to Neo-Eurasianism. 2014, übersetzt von der Heinrich-Böll-Stiftung, 2014.

Dugin, Alexander: Konflikte der Zukunft. Die Rückkehr der Geopolitik. Kiel, Bonus, 2014.

Ebbinghaus, Uwe: Wer hat Angst vor Anarchismus? FAZ, 28.1.2012: 21–22.

Edathy, Sebastian/Sommer, Bernd: Die zwei Gesichter des Rechtsextremismus in Deutschland. In: Braun u. a. (Hrsg.): Strategien der extremen Rechten. Wiesbaden, VS Verlag für Sozialwissenschaften 2009, 2015: 45–74.

Embacher, Serge: Demokratie! Nein Danke? Bonn, Dietz, 2009.

Faber, Richard/Unger, Frank: Populismus in Geschichte und Gegenwart. Würzburg, Königshausen & Neumann, 2008.

Falter, Jürgen W./Jaschke, Hans-Gerd/Winkler, Jürgen R. (Hrsg.): Rechtsextremismus. Ergebnisse und Perspektiven der Forschung. Opladen, Westdeutscher Verlag, 1996.

Faltin, Inge.: Norm, Milieu, politische Kultur. Wiesbaden, DUV, 1990.

Fisahn, Andreas: Herrschaft im Wandel. Überlegungen zu einer kritischen Theorie des Staates. Köln, Papyrossa, 2008.

Floridi, Luciano: Die 4. Revolution. Wie die Infosphäre unser Leben verändert. Berlin, Suhrkamp, 2015.

Flückiger, Paul/Hufschmid, Maris: Urteil gegen Urban. Der Tagesspiegel, 21. Dez. 2011: 5.

Fratzscher, Marcel: Die Deutschland-Illusion. Warum wir unsere Wirtschaft überschätzen und Europa brauchen. München, Hanser, 2014.

Fratzscher, Marcel: Verteilungskampf. Warum Deutschland immer ungleicher wird. München, Hanser, 2016.

Freeden, Michael: Political Theory. A Conceptual Approach. Oxford, Oxford University Press, 1996.

Frölich-Steffen, Susanne/Rensmann, Lars (Hrsg.): Populisten an der Macht. Populistische Regierungsparteien in West- und Osteuropa. Wien, Braunmüller, 2005, 2008.

Frölich-Steffen, Susanne/Rensmann, Lars: Populistische Regierungsparteien in Ost-und Westeuropa. In: Susanne Frölich-Steffen/Lars Renmann, Lars (Hrsg.): Populisten an der Macht. Populistische Regierungsparteien in West- und Osteuropa. Wien, Braunmüller 2005: 3–34.

Frölich-Steffen, Susanne: Populismus im Osten und im Westen als parallele Entwicklungen? In: Ellen Bos/Dieter Segert (Hrsg.): Osteuropäische Demokratien als Trendsetter? Opladen, Westdeutscher Verlag, 2008: 303–321.

Fukuyama, Francis: Wo bleibt der Aufstand von links? Der Spiegel, 5, 2012: 86–88.

Gebhardt, Richard: Eine »Partei neuen Typs«? Die »Alternative für Deutschland« (AfD) vor den Bundestagswahlen. Forschungsjournal soziale Bewegungen 3, 2013: 86–91.

Geden, Oliver: Diskursstrategien im Rechtspopulismus. Freiheitliche Partei Österreichs und Schweizerische Volkspartei zwischen Opposition und Regierungsbeteiligung. Wiesbaden, VS Verlag für Sozialwissenschaften, 2006.

Geiger, Till: Believing in the Miracle Cure: The Economic Transition Process in Germany and East-Central-Europe. In: Klaus Larres (Ed.): Germany since Unification. Palgrave, 2001: 174–202.

Giddens, Anthony: Beyond Left and Right. The Future of Radical Politics. Cambridge, Polity, 1994.

Gnauck, Gerhard: Kaczyński, die PiS und Polens Weg nach Osten. Osteuropa, H. 1-2, 2016: 103–108.

Goodhart, David: Eine postliberale Antwort auf den Populismus. In: Ernst Hillebrand (Hrsg.): Rechtspopulismus in Europa. Bonn, Dietz, 2015: 159–172.

Goodwin, Matthew: Right Response. Understanding and Countering Populist Extremism in Europe. A Chatham House Report, 2011.

Grabow, Karsten/Hartleb, Florian: Europa – nein danke? Studie zum Aufstieg Rechts- und nationalpopulistischer Parteien in Europa. St. Augustin, Konrad Adenauer Stiftung, 2013.

Grabow, Karsten/Hartleb, Florian (Hrsg.): Exposing the Demagogues. Right-wing and National Populist Parties in Europe. Brüssel, Centre for European Studies, 2013.

Grabow, Karsten/Hartleb, Florian: Strategic Responses to the Populists Advance: Options for Christian Democratic and Conservative Parties. In: Karstsen Grabow/Florian Hartleb (Hrsg.): Exposing the Demagogues. Right-wing and National Populist Parties in Europe. Brüssel, Centre for European Studies, 2013: 399–409.

Grattan, Laura: Populism's power. Radical Grassroots Democracy in America. Oxford, Oxford University Press, 2016.

Habermas, Jürgen: Legitimitätsprobleme im Spätkapitalismus. Frankfurt, Suhrkamp, 1973.

Habermas, Jürgen: Theorie des kommunikativen Handelns. Frankfurt, Suhrkamp, 1981, 2 Bde.

Habermas, Jürgen: Faktizität und Geltung. Frankfurt, Suhrkamp, 1992.

Habermas, Jürgen: Zur Verfassung Europas. Berlin, Suhrkamp, 2011.

Haider, Jörg: Die Freiheit, die ich meine. Frankfurt, Ullstein, 1994.

Halfwassen, Jens: Was ist Nationalkultur? FAZ 17.5.2017: 12.

Han, Byung-Chul: Transparent ist nur das Tote. Die Zeit, 12. Jan. 2012: 41.

Hank, Rainer: Nichts geht über Transparenz. Piraten sind die Helden der Informationsfreiheit. FAZ, Nr. 13, 2012: 38–39.

Hardt, Michael/Negri, Antonio: Empire – die neue Weltordnung. Frankfurt, Campus, 2002.

Hartleb, Florian: Rechts- und Linkspopulismus. Eine Fallstudie anhand von Schill-Partei und PDS. Wiesbaden, VS Verlag für Sozialwissenschaften, 2004.
Hartleb, Florian: Nach ihrer Etablierung – Rechtspolitische Parteien in Europa. Konrad Adenauer-Stiftung, Zukunftsforum Politik. St. Augustin, Mai 2011: 18–25.
Hartleb, Florian: Populismus als Totengräber oder mögliches Korrektiv der Demokratie. Aus Politik und Zeitgeschichte 2012, Nr. 5-6: 22–29.
Hartleb, Florian: Internationaler Populismus als Konzept. Baden-Baden, Nomos, 2014.
Hartleb, Florian: Populism in Western and Eastern Europe Compared. In: Karstsen Grabow/Florian Hartleb (Hrsg.): Exposing the Demagogues. Right-wing and National Populist Parties in Europe. Brüssel, Centre for European Studies, 2013: 353–372.
Häusler, Alexander (Hrsg.): Die Alternative für Deutschland: Programmatik, Entwicklung und politische Verortung. Wiesbaden, Springer VS, 2016.
Heim, Tino (Hrsg.): Pegida als Spiegel und Projektionsfläche. Wiesbaden, Springer VS, 2017.
Heim, Tino: Politischer Fetischismus und die Dynamik wechselseitiger Projektionen. Das Verhältnis von *Pegida*, Politik und Massenmedien als Symptom multipler Krisen. In: Tino Heim (Hrsg.): Pegida als Spiegel und Projektionsfläche. Wiesbaden, Springer VS, 2017: 341–444.
Hentges, Gudrun: Das Plädoyer für eine »deutsche Leitkultur« – Steilvorlage für die extreme Rechte? In: Christoph Butterwegge u. a.: Themen der Rechten. Opladen, Leske & Budrich, 2002: 95–122.
Herholz, Andreas/Linnhoff, Carsten: Populisten in Deutschland sind meist nur enttäuschte Demokraten. Bertelsmann-Studie: Knapp jeder Dritte Deutsche gilt als Populistisch. Rhein-Neckarzeitung 26. 7. 2017: 2.

Hessel, Stéphane: Empört Euch. Berlin, Ullstein Streitschrift, 2011, 11. Aufl.

Hillebrand, Ernst (Hrsg.): Rechtspopulismus in Europa. Gefahr für Europa? Bonn, Dietz, 2015.

Höllwerth, Alexander: Das sakrale eurasische Imperium von Aleksandr Dugin. Eine Diskursanalyse zum postsowjetischen russischen Rechtsextremismus. Stuttgart, Ibidem Verlag, 2007.

Holtmann, Everhard: Die angepassten Provokateure. Aufstieg und Niedergang der rechtsextremen DVU als Protestpartei im polarisierten Parteiensystem Sachsen-Anhalts Opladen, Westdeutscher Verlag, 2002.

Holtmann, Everhard u. a.: Die Droge Populismus. Zur Kritik des politischen Vorurteils. Wiesbaden, VS Verlag für Sozialwissenschaften, 2006.

Honneth, Axel: Kampf um Anerkennung. Frankfurt, Suhrkamp, 1994.

Hübner, Carsten: Rechtsextreme Netzwerke und Parteien in Europa. Brüssel, Group GUE/NGL, 2009.

Inglehart, Ronald: Culture Shift in Advanced Industrial Society. Princeton, Princeton University Press, 1990.

Inglehart, Ronald: Modernization and Postmodernization. Princeton, Princeton University Press, 1997.

Ivanov, Vladimir: Alexander Dugin und die rechtsextremen Netzwerke. Stuttgart, Ibidem Verlag, 2007.

Jaschke, Hans-Gerd/Dudek, Peter: Entstehung und Entwicklung des Rechtsextremismus in der Bundesrepublik. Opladen, Westdeutscher Verlag, 1994, 2 Bde.

Jaschke, Hans-Gerd, Falter, Jürgen, Winkler, Jürgen R. (Hrsg.): Rechtsextremismus. PVS-Sonderheft 27, Opladen, Westdeutscher Verlag, 1996.

Jaschke, Hans-Gerd: Fundamentalismus in Deutschland. Gottesstreiter und politische Extremisten bedrohen die Gesellschaft. Hamburg, Hoffmann & Campe, 1998.

Jaschke, Hans-Gerd: Rechtsextremismus und Fremdenfeindlichkeit. Opladen, Westdeutscher Verlag, 1994, 2. Aufl. 2001.
Jaschke, Hans-Gerd: Politischer Extremismus. Ein Lehrbuch. Wiesbaden, VS Verlag für Sozialwissenschaften, 2006.
Jaschke, Hans-Gerd: Strategien der extremen Rechten in Deutschland nach 1945. In: Fabian Virchow u. a. (Hrsg.): Handbuch Rechtsextremismus. Wiesbaden, Springer VS, 2017; 115–134.
Jesse, Eckhard: Alle gegen eine? So wird die AfD noch stärker. Focus 3, 2016: 36–37.
Jesse, Eckhard/Panreck, Isabelle-Christine: Populismus und Extremismus. Terminologische Abgrenzung – das Beispiel der AfD. Zeitschrift für Politik (ZfP), 1, 2017: 59–76.
Jörke, Dirk: Bürgerbeteiligung in der Postdemokratie. APuZ, 1-2, 2011: 13–18.
Jörke, Dirk/Selk, Veith: Der hilflose Antipopulismus. Leviathan, 4/2015: 484–500.
Joppke, Christian: Erst die Moral, dann das Fressen. Was verbindet die europäischen Rechtspopulisten von Viktor Orbán über Geert Wilders bis zu Marine Le Pen? FAZ. 6. 6. 2017: 6.
Joppke, Christian: Is Multiculturalism dead? Crisis and Persistence in the Constitutional State. Cambridge, Polity, 2017.
Kaase, Max: The Challenge of the »Participatory Revolution« in Pluralist Democracies. International Political Science Review, 5, 3, 1984: 299–318.
Kailitz, Steffen: Politischer Extremismus in der Bundesrepublik Deutschland. Wiesbaden, VS Verlag für Sozialwissenschaften. 2004.
Kaube, Jürgen: Mitfliegen als Methode. Parteilichkeit ist noch das geringste Problem der Parteienforscher: das Fällchen Karl-Rudolf Korte. FAZ 12. Mai 2010: N 6.

Kaube, Jürgen: Das Volk ist nicht auffindbar. Und sein angeblicher Wille ist nur eine Konstruktion: Über den Populismus, der nur die Reaktion auf einen Mangel an Opposition ist. Aber keine Alternative. FAZ Nr. 21, 29. 5. 2016: 41.

Kaube, Jürgen: Was treibt die Populisten? FAZ 13. 8. 2017, Nr. 32: 22.

Kellershohn, Helmut: Das Institut für Staatspolitik und das jungkonservative Hegemonieprojekt. In: Stephan Braun u. a. (Hrsg.): Strategien der extremen Rechten. Wiesbaden, Springer VS, 2016: 439–466.

Kellershohn, Helmut/Kastrup, Wolfgang (Hrsg.): Kulturkampf von rechts. AfD, Pegida und die Neue Rechte. Münster, 2016.

Knöbl, Wolfgang: Und täglich grüßt der Populismus. FAZ. 26. 6. 2017: 6.

Knuth, Natalie: Oneline-Campaigning, dargestellt an den Wahlen zum Deutschen Bundestag 1998–2009 im Vergleich zum US-amerikanischen Online-Campaigning im Rahmen der Präsidentschaftswahlen 2000–2008. Heidelberg, Diss., 2010

Köckritz, Angela/v. Randow, Gero: Wie soll man sie nennen: Faschisten, Autoritaristen, Populisten, Reaktionäre, Rassisten, Nationalisten, Rechtsradikale, Nazis? Eine Suche nach dem passenden Etikett für Politiker wie Gauland, Hofer und Le Pen. Die Zeit, Nr. 23, 2016, 9. 6. 2016: 7.

Köppel, Peter: Nehmt die Schweiz als Vorbild! Focus 48, 2011: 48–50.

Korte, Karl-Rudolf/Hirscher, Gerhard (Hrsg.): Darstellungs- oder Entscheidungspolitik? Über den Wandel von Politikstilen in westlichen Demokratien. München, 2000.

Korte, Karl-Rudolf: Populismus als Regierungsstil. In: Nikolaus Werz (Hrsg.): Populismus. Populisten in Übersee und Europa. Opladen, Leske & Budrich, 2003: 209–222.

Kotowski, Christoph: Populismus in Polen. München, 2014, 2. Aufl.

Kowalsky, Wolfgang/Schroeder, Wolfgang (Hrsg.): Rechtsextremismus. Einführung und Forschungsbilanz. Opladen, Westdeutscher Verlag, 1994.

Kubitschek, Götz: Provokation. Schnellroda, Antaios, 2007.

Kubitschek, Götz: Die Spurbreite des schmalen Grats. Schnellroda, Antaios, 2016.

Kurbjuweit, Dirk: Triumph der Albernheit. Warum Politikerfotos oft so seltsam wirken. Der Spiegel, 45/2011: 38–41.

Kurz, Constanze: Keine Angst! Warum die anderen Parteien von den Piraten lernen müssen. Der Spiegel, 15, 2012: 212–213.

Laclau, Ernesto/Mouffe, Chantal: Hegemony and Socialist Strategy. London, Verso, 1985.

Laclau, Ernesto: On Populist Reason. London, Verso Books, 2005, 2007.

Ladurner, Ulrich: Einer ist noch da. In Frankreich und den Niederlanden haben Rechtspopulisten Wahlen verloren, in Deutschland zerlegen sie sich. Die Zeit, Nr. 23, 1.6.2017: 9.

Lang, Kai-Olaf: Populism in »Old« and »New« Europe: Trends and Implications. In: Martin Bútora et al. (Eds.), Democracy and Populism in Central Europe: The Visegrad Elections and Their Aftermath. Bratislava, Institute for Public Affairs, 2007: 125–140.

Langebach, Martin/Raabe, Jan: Die »Neue Rechte« in der Bundesrepublik Deutschland. In: Fabian Virchow u. a. (Hrsg.): Handbuch Rechtsextremismus. Wiesbaden, Springer VS, 2016: 561–592.

Langenbacher, Nora/Schellenberg, Britta (Hrsg.): Europa auf dem »rechten« Weg. Berlin, Friedrich-Ebert-Stiftung, 2011.

Langer, Armin: Falsche Freunde. Neuerdings gibt die AfD sich israelfreundlich. Die Zeit, Nr. 31, 27.7.2017.

Larres, Klaus (Hrsg.): Germany since unification. The Development of the Berlin Republic. Basingstoke, Palgrave, 2001.

Latour, Bruno: Nous n'avons jamais été modernes. Paris, La Découverte, 1991, dt. Wir sind nie modern gewesen. Versuch einer symmetrischen Anthropologie. Berlin, Akademie Verlag, 1995.

Leggewie, Claus: Der Geist steht rechts. Ausflüge in die Denkfabrik der Wende. Berlin, 1987.

Leggewie, Claus: Anti-Europäer: Breivik, Durin, al Suri & Co: Berlin, Suhrkamp, 2016.

Lenk, Kurt: Rechts, wo die Mitte ist. Studien zur Ideologie: Rechtsextremismus, Nationalsozialismus, Konservatismus. Baden-Baden, Nomos, 1994.

Leo, Per/Steinbeis, Maximilian/Zorn, Daniel-Pascal: Mit Rechten reden. Stuttgart, Klett-Cotta, 2017.

Lepsius, Oliver/Meyer-Kalkus, Reinhart (Hrsg.): Inszenierung als Beruf. Der Fall Guttenberg. Frankfurt, Suhrkamp, 2011.

Liang, Christina Schori (Hrsg): Europe for the Europeans: The foreign and security policy of the populist radical right. Hampshire, Ashgate, 2007.

Lipset, Seymour Martin: Political Man. London, Mercury Books, 1960.

Locke, Stefan: Revolte der Maier-Jünger. In Sachsen wächst der Widerstand gegen die AfD-Vorsitzende Frau Petry. FAZ 9.6.2017: 4.

Losurdo, Domenico: Demokratie oder Bonapartismus. Triumph und Niedergang des allgemeinen Wahlrechts. Köln, Papyrossa, 2008.
Mair, Peter: Populist Democracy vs Party Democracy. In: Yves Mény/Yves Surel (Hrsg.): Democracies and the Populist Challenge. Houndsmill, Macmillan, 2002: 139–154.
Manow, Philip: Die zentralen Nebensächlichkeiten der Demokratie. Von Applausminuten, Föhnfrisuren und Zehnpunkteplänen. Reinbek, Rowohlt Polaris, 2017.
Marg, Stine u. a.: No Pegida. Die helle Seite der Zivilgesellschaft? Bielefeld, tanscript, 2016.
Mény, Yves/Surel, Yves (Hrsg.): Democracies and the Populist Challenge. Houndsmill, Macmillan, 2002.
Merkel, Wolfgang: Gegen alle Theorie: die rasche Konsolidierung der Demokratie in Mittel- und Osteuropa. PVS 48, 2007: 413–433.
Merkel, Wolfgang: Gegen alle Theorie? Die Konsolidierung der Demokratie in Ostmitteleuropa. In: Klemens H. Schrenk/Markus Soldner (Hrsg.): Analyse demokratischer Regierungssysteme. Wiesbaden, VS Verlag für Sozialwissenschaften, 2010: 545–562.
Merkel, Wolfgang: Systemtransformation. Wiesbaden, VS Verlag für Sozialwissenschaften, 2010, 2. Aufl.
Merkel, Wolfgang: Volksabstimmungen: Illusion und Realität. APuZ, 44-45, 2011: 47–55.
Merkel, Wolfgang: Krise der Demokratie: Mythos oder Realität? In: Harald Bluhm u. a. (Hrsg.): Ideenpolitik. Geschichtliche Konstellationen und gegenwärtige Konflikte. Berlin, Akademie Verlag, 2011: 438–448.
Merkel, Wolfgang: Ist die Krise der Demokratie eine Erfindung? In: Ders. (Hrsg.): Demokratie und Krise. Wiesbaden, Springer VS, 2015: 473–498.

Meyer, Hendrik/Schubert, Klaus (Hrsg.): Politik und Islam. Wiesbaden, VS Verlag für Sozialwissenschaften, 2011.

Meyer, Thomas: Die Unbelangbaren. Wie Journalisten mitregieren. Berlin, Suhrkamp, 2015.

Minkenberg, Michael: Die neue radikale Rechte im Vergleich. USA, Frankreich, Deutschland. Wiesbaden, Westdeutscher Verlag, 1998.

Minkenberg, Michael: Die radikale Rechte heute. Trends und Muster in West und Ost. In: Nora Langenbacher/Britta Schellenberg (Hrsg.): Europa auf dem »rechten« Weg. Berlin, Friedrich-Ebert-Stiftung, 2011: 39–83.

Minkenberg, Michael: The Radical Right in Eastern Europe. Democracy under Siege? New York, Palgrave Macmillan, 2017.

Misik, Robert: Progressive Gegenstrategien gegen den Populismus. In: Ernst Hillebrand (Hrsg.): Rechtspopulismus in Europa. Gefahr für Europa? Bonn, Dietz, 2015: 166–179.

Möllers, Christoph: Demokratie – Zumutungen und Versprechen. Berlin, Wagenbach, 2008, 2009, 2. Aufl.

Mohler, Armin: Die konservative Revolutionn in Deutschland 1918–1933. Grundriss Ihrer Weltanschauungen. Stuttgart, Vorwerk, 1950. 3. Aufl., Darmstadt, Wissenschaftliche Buchgesellschaft, 1989.

Mohler, Armin: Die französische Rechte. Vom Kampf um Frankreichs Ideologien-Panzer. München, Isar-Verlag, 1958.

Mohler, Armin: Von rechts gesehen. Stuttgart, Seewald, 1974.

Mohler, Armin/Benoist, Alain de/Stein, Dieter: Im Gespräch mit Alain de Benoist. Freiburg, Junge Freiheit, 1993.

Mouffe, Chantal: Über das Politische. Wider die kosmopolitische Illusion Frankfurt, Suhrkamp, 2007.

Mouffe, Chantal: »Postdemokratie« und die zunehmende Entpolitisierung. APuZ 1-2, 2011: 3–5.

Mudde, Cas: In the Name of Peasantry, the Proletariat, and the People: Populisms in Eastern Europe. East European Politics and Societies, 14, 2000: 33–53.

Mudde, Cas: The Populist Zeitgeist. Government and Opposition, 29, 2004: 541–563.

Mudde, Cas: Populist Radical Right Parties in Europe. Cambridge, Cambridge University Press, 2007.

Mudde, Cas: Radikale Parteien in Europa. APuZ, 47/2008: 15–19.

Mudde, Cas/Kaltwasser, Cristobal Rovira: Populism in Europe and the Americas. Cambridge, Cambridge UP, 2012.

Mudde, Cas (Hrsg.): Political Extremism. London, Sage, 2014.

Mudde, Cas: Youth and the Extreme Right. New York, IDEBATE, 2014.

Mudde, Cas: On Extremism and Democracy in Europe. London, Routledge, 2016.

Mudde, Cas: Populism: A very short introduction. Oxford, Oxford University Press, 2017.

Mudde, Cas: Europas wirkliche populistische Herausforderung. ZOiS Spotlight 09/2017.

Mulgan, Geoffrey: Politics in an Antipolitical Age. Cambridge, Polity, 1994.

Müller, Daniel: Update für Nazis. Webdesign ohne Hakenkreuz. Die Zeit, Nr. 13, 2012: 7.

Müller, Jan-Werner: Wir! Sind! Das! Volk! Die Populisten in Europa glauben, sie allein begriffen den wahren Wählerwillen. Damit gefährden sie die Demokratie. Die Zeit, Nr. 17, 2012: 13.

Müller, Jan Werner: Populismus: Theorie und Praxis. Merkur 69, 2015: 28–37.

Müller, Jan-Werner. Was ist Populismus? Berlin, Suhrkamp, 2016. Lizenzausgabe für die Bundeszentale für Politische Bildung. Bonn, Berlin, 2016.

Müller, Jan-Werner: Populismus. Symptom einer Krise der politischen Repräsentation? Aus Politik und Zeitgeschichte 66, 2016: 1–9.

Müller, Jan-Werner: Populisten. Woran man sie erkennen kann. FAZ. plus 15. 5. 2017.

Münkler, Herfried: Lahme Dame Demokratie. Internationale Politik, Mai/Juni 2010: 10–17.

Nabers, Dirk/Stengel, Frank A.: Trump und der Populismus. Heinrich Böll-Stiftung, Febr. 2017.

Nassehi, Armin: Wut ist zu wenig. Die Zeit, Nr. 35, 24. 8. 2017: 42.

Neef, Christian: »Jeder Westler ist ein Rassist«. Gespräch mit Alexander Dugin. Der Spiegel 29, 14. 7. 2014: 123.

Niedermayer, Oskar (Hrsg.): Handbuch Parteienforschung. Wiesbaden, Springer VS, 2013.

Nida-Rümelin, Julian: Über Grenzen denken. Eine Ethik der Migration. Hamburg, Edition Körber-Stiftung, 2017.

Niehuis, Edith: Die Demokratiekiller. Fehlentwicklungen in der deutschen Politik. Berlin, Lehmanns Media, 2011.

Niehuis, Edith: Die Zerstörung der Parteiendemokratie von oben nach unten. APuZ, 44-45, 2011: 7–11.

Niggemeier, Stefan: Im Namen des Volkes? Den Ansprüchen, die viele Journalisten an den Bundespräsidenten haben, werden sie selbst oft nicht gerecht. Kein Wunder, dass das Publikum nun zwischen Politik- und Medienverdrossenheit schwankt. Der Spiegel, Nr. 3, 2012: 140–142.

Nolte, Paul: Von der repräsentativen zur multiplen Demokratie. APuZ 1-2, 2011: 5–12.

van Ooyen, Robert Ch./Möllers, Martin H. W. (Hrsg.): Das Bundesverfassungsgericht im politischen System. Wiesbaden, VS Verlag für Sozialwissenschaften, 2006: 516–531.

Norris, Pippa: Democratic Deficit. Critical Citizens Revisited. Cambridge, Cambridge University Press, 2011.

Norris, Pippa/Grömping, Max: The electoral integrity project. University of Sydney, 2017.
Norris, Pippa/Grömping, Max: Populist Threats to Electoral Integrity. The Year in Elections, 2016–2017. Harvard Kennedy School, Mai 2017.
Nylander, Christer: Proposal for a strengthened cosmopolitan democracy model. Juli, 2017.
Oehmke, Philipp: Im Geist des Gorillas. Seit Donald Trump Präsident ist, erblüht die rechtsradikale »Alt-Right«-Bewegung. Der Spiegel 26, 2017: 67–72.
Oesch, Daniel: Explaining Worker's Support for Right-Wing Populist Parties in Western Europe. International Political Science Review, 29/3, 2008: 349–373.
Offe, Claus (Hrsg.): Die Demokratisierung der Demokratie. Diagnosen und Reformvorschläge. Frankfurt, Campus, 2003.
Panreck, Isabelle-Christine: Extremismus als Ventil mangelnder Unterscheidbarkeit etablierter Parteien? Vortrag beim Veldensteiner Kreis 2016.
Pelinka, Anton: Die FPÖ: eine rechtspopulistische Regierungspartei zwischen Adaption und Opposition. In: Susanne Frölich-Steffen/Lars Rensmann (Hrsg.): Populisten an der Macht. Wien, Braumüller,2005: 87–104.
Pelinka, Anton (Hrsg): Populismus in Österreich. Wien, Junius,1987.
Pfahl-Traughber, Armin: Des Volkes Stimme? Rechtspopulismus in Europa. Bonn, Dietz, 1994.
Pfahl-Traughber, Armin: Konservative Revolution und neue Rechte. Rechtsextremistische Intellektuelle gegen den demokratischen Verfassungsstaat. Opladen, Leske & Budrich, 1998.
Pfahl-Traughber, Armin: Rechtsextremismus in der Bundesrepublik. München, Beck, 2006, 4. Aufl.

Pfetsch, Barbara/Marcinkowski, Frank: Politik der Mediendemokratie, PVS Sonderheft, Wiesbaden, VS Verlag für Sozialwissenschaften, 2009.

Pham, Khue: Alles Piraten. Ist die neue Partei so erfolgreich, obwohl sie alles falsch macht oder weil sie alles falsch macht. Die Zeit Nr. 14, 2012: 1.

Pirro, Andrea L.: Populist Radical Right Parties in Central and Eastern Europe. Government and Opposition, 2014, H. 4: 600–629.

Pizzorno, Alessandro: Le radici della politica assoluta e altri saggi. Milan, Feltrinelli, 1993.

Plickert, Niklas: Wer regiert, ist egal. FAZ, Nr. 16, 2012: 32.

Pörksen, Bernhard/Detel, Hanne: Kollaps der Kontexte. In der Digital-Ära wird der Kontrollverlust zur Alltagserfahrung. Der Spiegel, 14, 2012: 140–141.

Priester, Karin: Populismus: Theoretische Fragen und Erscheinungsformen in Mitteleuropa. In: Henrique Otten/Manfred Sicking (Hrsg.): Kritik und Leidenschaft. Vom Umgang mit politischen Ideen. Bielefeld, Transcript, 2011: 49–65.

Priester, Karin: Populismus. Historische und aktuelle Erscheinungsformen. Frankfurt, Campus, 2007.

Priester, Karin: Definitionen und Typologien des Populismus. Soziale Welt 62, 2011: 185–198.

Priester, Karin: Wesensmerkmale des Populismus. Aus Politik und Zeitgeschichte 62, 2012: 3–9.

Propst, Maximilian: Der falsche Frieden. Weil sich die großen Parteien in der Mitte immer ähnlicher werden, wächst der Extremismus – auch am rechten Rand. Die Zeit, Nr. 48, 2011: 61.

Puglisi, Laura: Europäische Parteienlandschaft im Wandel. Frankfurt, Deutsche Bank, 2012.

Puhle, Hans-Jürgen: Zwischen Protest und Politikstil: Populismus, Neo-Populismus und Demokratie. In: Nikolaus Werz (Hrsg.): Populismus. Populisten in Übersee und Europa. Opladen, Leske & Budrich, 2003: 15–43.

Puhle, Hans-Jürgen: Populismus: Form oder Inhalt? In: Henrique Ricardo Otten/Manfred Sicking (Hrsg.): Kritik und Leidenschaft. Vom Umgang mit politischen Ideen. Bielefeld, Transcript, 2011: 29–47.

v. Randow, Gero: Vorwärts und nicht vergessen. In Frankreich, Österreich und Amerika könnten alsbald Autokraten an die Staatsspitze gewählt werden. Das gefährdet die Demokratie. Die Zeit, Nr. 33, 4. 8. 2016: 3.

Rathkolb, Oliver: Neuer Politischer Autoritarismus. APuZ, 44-45, 2011: 56–62.

Rathkolb, Oliver/Ogris, Günter (Hrsg.): Authoritarianism, History and Democratic Dispositions in Austria, Poland, Hungary and the Czech Republic. Innsbruck, Studienverlag, 2010.

Rawls, John: A Theory of Justice. Cambridge/Mass., Harvard University Press, 1971. dt. Eine Theorie der Gerechtigkeit. Frankfurt, Suhrkamp, 1979.

Rehberg, Karl-Siegbert u. a. (Hrsg.): Pegida. Rechtspopulismus zwischen Fremdenangst und »Wende«-Enttäuschung? Bielefeld, transcript, 2016.

Reinfeldt, Sebastian: Nicht wir und die da. Studien zum rechten Populismus. Wien, Braunmüller, 2000.

Reißland, Carolin: Kontroversen über Zuwanderung: Migrations- und Integrationspolitik unter neuen Vorzeichen? In: Christoph Butterwegge u. a.: Themen der Rechten – Themen der Mitte. Zuwanderung, demographischer Wandel und Nationalbewusstsein. Opladen, Leske & Budrich, 2002: 11–42.

Ritzi, Claudia: Die Postdedemokratisierung politischer Öffentlichkeit. Wiesbaden, Springer VS, 2014.

Rorty, Richard: Stolz auf unser Land. Die amerikanische Linke und der Patriotismus. Frankfurt, Suhrkamp, 1999.

Rupnik, Jacques: The Populist Backlash in East-Central Europe. In: Bútora et al., 2007: 161–169.

Said, Edard: Orientalismus. Frankfurt, S. Fischer, 2014.

Salzborn, Samuel: Messianischer Antiuniversalismus. Zur politischen Theorie von Aleksandr Dugin im Spannungsfelde von eurasischem Imperialismus und geopolitischem Evangelium. In: Arnim Pfahl-Traughber (Hrsg.): Jahrbuch für Extremismus und Terrorismusforschung 2014, I: 240–258.

Salzborn, Samuel: Rechtsextremismus. Erscheinungsformen und Erklärungsansätze. Baden-Baden, Nomos, 2015, 2. Aufl.

Sarrazin, Thilo: Betrachtungen zur Populismus-Debatte. FAZ, Nr. 120, 25.5.2016: 20.

Sarcinelli, Ulrich: Politische Kommunikation in Deutschland. Wiesbaden, VS Verlag für Sozialwissenschaften, 2009, 2. Aufl.

Schäfer, Axel: Vorwort: Rechtsruck in Europa. In: Werner T. Bauer: Rechtspopulismus in Europa. Berlin, Friedrich Ebert Stiftung, 2010.

Schedler, Andreas (Hrsg.): Electoral Authoritarianism. The Dynamic of unfree competition. Boulder, Lynne Riener, 2006.

Schellenberg, Britta: Die radikale Rechte in Deutschland: Sie wird verboten und erfindet sich neu. In: Nora Langenbacher/Britta Schellenberg (Hrsg.): Europa auf dem »rechten« Weg. Berlin, Friedrich Ebert-Stiftung, 2011: 59–83.

Schellenberg, Britta: Wenn der Staat versagt. Pfade zum »hausgemachten« Terrorismus. In: Karl-Siegbert Rehberg u. a. (Hrsg.): PEGIDA – Rechtspopulismus zwischen Fremdenangst und »Wende«-Enttäuschung? Analysen im Überblick. Bielefeld: transkript Verlag, 2016: 323–336.

Scheuch, Erwin/Klingemann, Hans D.: Theorie des Rechtsradikalismus in westlichen Industriegesellschaften. In: Hamburger Jahrbuch für Wirtschafts- und Gesellschaftspolitik. Bd. 12, 1967: 11–29.

Scheuch, Erwin K. und Ute: Cliquen, Klüngel und Karrieren. Reinbek, Rowohlt, 1992.

Scheuch, Erwin K. und Ute: Die Spendenkrise. Parteien außer Kontrolle. Reinbek, Rowohlt, 2000.

Schiedel, Heribert: Extreme Rechte in Europa. Wien, Edition Steinbauer, 2011.

Schimmeck, Tom: Am besten nichts Neues. Reinbek, Rowohlt, 2010.

Schindler, Jörg: Regierende Zynismus. Großbritannien. Der Spiegel 26, 2017: 96–97.

Schultz, Tanjew: Rechtsextremismus und Journalismus. In: Steinbacher 2016: 150–165.

Seidl, Claudius: Das deutsche Dösen. FAZ Nr. 31. 6. 8. 2017: 41.

Seils, Christoph: Parteiendämmerung. Berlin, WJS Wolf Jobst Siedler, 2010.

Sieferle, Rolf Peter: Das Migrationsproblem. Über die Unvereinbarkeit von Sozialstaat und Masseneinwanderung. Manuscriptum, Waltrop, 2017: 116–125.

Sieferle, Rolf Peter: Finis Germania. Steigra, Antaios, 2017.

Smirnova, Julia: Putins Vordenker, ein rechtsradikaler Guru. Die Welt, 11. Juli 2014.

Spier, Tim: Populismus und Modernisierung. In: Frank Decker (Hrsg.): Populismus. Gefahr für die Demokratie oder nützliches Korrektiv? Wiesbaden, VS Verlag für Sozialwissenschaften, 2006: 33–57.

Spier, Tim (Hrsg.): Die Linkspartei. Wiesbaden, VS Verlag für Sozialwissenschaften, 2007.

Spier, Tim: Die Wählerschaft rechtspopulistischer Parteien in Westeuropa. Diss. Göttingen, 2008.

Stahl, Alexander von: Kampf um die Pressefreiheit. Berlin, Edition Junge Freiheit, 2003.

Staniszkis, Jadwiga: »Ein infantiler Autokratismus«. Kaczynski, die PiS und Polens Weg nach Osten. Osteuropa, 2016, H. 1-2: 103–108.

Staun, Harald: Zwischen Mainstream und Volkes Seele. FAZ 15. Jan. 2012: 29.

Stavrakakis, Yannis/Katsambekis, Giorgios: Left-wing Populism in the European Periphery: the case of Syriza. Journal of Political Ideologies 19, 2, 2014: 119–142.

Steinbacher, Sybille (Hrsg.): Rechte Gewalt in Deutschland. Zum Umgang mit dem Rechtsextremismus in Gesellschaft, Politik und Justiz. Göttingen, Wallstein, 2016.

Stöss, Richard: Rechtsextremismus im vereinten Deutschland. Berlin, Friedrich Ebert Stiftung, 2000, 3. Aufl.

Stöss, Richard: Rechtsextremismus im Wandel. Berlin, Friedrich Ebert-Stiftung, Bonn, 2010, 3. Aufl.

Stöss, Richard: Der rechte Rand des Parteiensystems. In: Oskar Niedermayer (Hrsg.): Handbuch Parteienforschung. Wiesbaden, Springer VS, 2013: 574–577.

Sturm, Roland: Rechtspopulismus. In. Dieter Nohlen Rainer-Olaf Schultze (Hrsg.): Lexikon der Politikwissenschaft, München, Beck, 2010, 4. Aufl.: 887 ff.

Taggart, Paul: New Populist Parties in Western Europe. West European Politics, 1995.

Taggart, Paul: Populism. Philadelphia, Buckingham Open University Press, 2000.

Taggart, Paul: Populism and Representative Politics in Contemporary Europe. In: Journal of Political Ideologies, 9, 2004.

Tenbrock, Christian: Budapester Ramschware. Die Zeit, Nr. 3, 12.1.2012: 21.

Transformation Index BTI 2012: Political Management in International Comparison. Gütersloh, Verlag Bertelsmann Stiftung, 2012.

Vehrkamp, Robert L./Wratil, Christopher: Die Stunde der Populisten? Populistische Einstellungen bei Wählern und Nichtwählern vor der Bundestagswahl 2017. Gütersloh, Bertelsmann Stiftung, 2017.

Vejvodová, Petra: A Thorny Way to find friends: Transnational Cooperation and Network-Building among right-wing and national populists. In: Karsten Grabow/Florian Hartleb (Hrsg.): Exposing the Demagogues. Right-wing and National Populist Parties in Europe. Brüssel, Centre for European Studies, 2013: 373–396.

Virchow, Fabian u.a. (Hrsg.): Handbuch Rechtsextremismus. Wiesbaden, Springer VS, 2017.

Volkert, Daniel: Parteien und Migranten. Transcript Verlag, 2017.

Vorländer, Hans u.a. (Hrsg.): Pegida. Entwicklung, Zusammensetzung und Deutung einer Empörungsbewegung. Wiesbaden, Springer VS, 2016.

Wagenknecht, Sahra: Freiheit statt Kapitalismus, Berlin, Eichborn, 2011.

Wagner, Marie Katharina: Der Mythos vom Wutbürgertum. FAZ. 11.3.2011: 12.

Wagner, Thomas: Demokratie als Mogelpackung. Köln, Papyrossa, 2011.

Wefing, Heinrich: Wir! Sind! Wütend! Eine neue Macht schallt aus dem Internet. Die Zeit, 2012, Nr. 10: 3.

Weischenberg, Siegfried: Schreinemakerisierung unserer Lebenswelt. Hamburg, Rasch & Röhring, 1997.

Weiss, Volker: Deutschlands Neue Rechte. Angriff der Eliten von Spengler bis Sarrazin. Paderborn, Schöningh 2012.

Weiss, Volker: Moderne Antimoderne. Arthur Moeller van den Bruck und der Wandel des Konservatismus. Paderborn, Schöningh, 2012.

Weiss, Volker: Die autoritäre Revolte. Die neue Rechte und der Untergang des Abendlandes. Stuttgart, Klett-Cotta, 2017.

Weiss, Volker: Die vielen Gesichter des Konservatismus. Die Zeit, Nr. 34, 17. 8. 2017: 17.

Weißmann, Karlheinz: Unsere Zeit kommt. Schnellroda, Antaios, 2006.

Welsch, Wolfgang: Unsere postmoderne Moderne. Weinheim, VCH, 1987.

Werz, Nikolaus (Hrsg.): Populismus. Populisten in Übersee und Europa. Opladen, Leske & Budrich, 2003.

Wielenga, Friso/Hartleb, Florian (Hrsg.): Populismus in der modernen Demokratie. Die Niederlande und Deutschland im Vergleich. Münster, 2011.

Wiles, Peter: A Syndrome, not a Doctrine. Some elementary theses on populism. In: Ghita Ionescu/Ernest Gellner (Eds.): Populism: Its Meaning and National Characteristics. New York, Macmillan, 1969: 166–179.

Winkler, Jürgen/Jaschke, Hans-Gerd/Falter, Jürgen W.: Einleitung und Perspektiven der Forschung. In: Jürgen W. Falter u. a (Hrsg.): Rechtsextremismus. Ergebnisse und Perspektiven der Forschung. Opladen, Westdeutscher Verlag, 1996: 9–21.

Winkler, Heinrich August: Die grosse Illusion. Warum direkte Demokratie nicht unbedingt den Fortschritt fördert. Der Spiegel 47/2011: 47–48.

Wodak, Ruth: Politik mit der Angst. Zur Wirkung rechtspopulistischer Diskurse. Wien, Edition Konturen, 2016.

Wolf, Tanja: Rechtspopulismus. Überblick über Theorie und Praxis. Wiesbaden, Springer VS, 2017.

Zakaria, Fareed: The Future of Freedom.: Illiberal Democracy at home and abroad. New York, Norton, 2003.

Zakaria, Fareed: Der Aufstieg der Anderen. Berlin, Siedler, 2008 (engl.: Illiberal Democracy at Home and Abroad. New York, Norton, 2008).

Zakaria, Fareed: Populism on the March, Foreign Affairs, 96, 6, 2016: 9–15.

Zick, Andreas u. a.: Gruppenbezogene Menschenfeindlichkeit in Deutschland 2002–2016. In: Ralf Melzer (Hrsg.): Gespaltene Mitte. Feindselige Zustände Rechtsextreme Einstellungen in Deutschland. Bonn, Dietz Verlag, 2016.

Zorn, Daniel-Pascal: Logik für die Demokratie. Stuttgart, Klett-Cotta, 2017.

Printed by Printforce, the Netherlands